지금 바로 활용해 설명의

말하기 고민 순식간에 ㅎ

21 | 5가지 항목 설정

이번에 말씀드릴 것은
모두 5가지입니다

22 | 일점 격파

오늘은 ○○에 대해서만
말씀드리겠습니다

23 | 약

○○이라
개선이

26 | 과장

극단적으로 생각하면

27 | 역전사고

일부러 반대로
생각해 봅시다

28 | 축

이
○가

31 | 정량&정성

정량적으로는~
정성적으로는~

32 | 힌트 주기

이것으로부터
알 수 있는 것은

33 | 가

가성비

36 | 행동화 유도

반드시 해야 하는 것을
하나만 들라면

37 | 극단 상정

최선의 경우는~
최악의 경우는~

38 | 10

바로

기술을 극적으로 끌어올린다!

해결해 주는 설명패턴 40

폭로

: 약점이 있지만
| 가능합니다

24 | 차이 좁히기

이 차이를 좁히기 위해서

25 | 이른 거절

시작하기에 앞서,
미리 양해를 구합니다

장 계산법

은 □□의
크기입니다

29 | 패턴 추출

성공 패턴은 ○○,
실패 패턴은 △△입니다

30 | 호가호위

전문가도
이렇게 말합니다

비 따지기

놓고 봤을 때

34 | 수량 비교

A안을 1이라 하면,
B안은 조금 적게
어림잡더라도 ○○ 이상입니다

35 | 상대방 빙의

상대방 입장에서
생각하면

동의

│ 말씀대로
│니다

39 | 살짝 코멘트

이에 관련해,
잠시 보충하겠습니다

40 | 의도 요약

질문의 뜻을 ○○으로 봐도
되겠습니까?

단번에 이해시키는
설명의 기술

단번에 이해시키는

설명의 기술

이토 다스쿠 지음 ― 윤경희 옮김

토트

당신의 인사고과를 바꾸는
설명의 기술

최선을 다해 열심히 설명하고 있는데 상대방 얼굴에 '…? …? …?' 하는 미묘한 표정이 퍼져나간 적 있다.

상사가 "그런데 말이야, 대체 무슨 말을 하고 싶은 거야?"라고 말한 적 있다.

내 생각엔 제대로 설명하고 있는데 상대방이 '내용을 정확하게 이해하지 못하는 것 같은데?' 하며 답답한 표정을 지은 적이 있다.

만일 이 중에서 하나라도 해당되는 게 있다면 이 책은 분명 당신에게 도움이 될 것입니다. 지금부터 소개하는 방법대로 실천하면 당신은 설명을 잘하는 사람으로 변신할 수 있기 때문입니다. 이뿐만이 아닙니다. 상사와 동료, 고객이 당신에게 갖는 인상, 업무 성과와 평가까지 지금과 전혀 다르게 바꿀 수 있습니다.

안녕하세요, 이토 다스쿠입니다. 저는 현재 주식회사 제뉴 재팬이라는 외국계 기업의 일본 법인에서 사장으로 일하고 있습니다. 저는 본사 경영진에게 업무 보고를 하고 일본 거래처와 고객을 대상으로 제법 규모가 큰 프레젠테이션을 진행합니다. 작게는 직원들과 회의와 미팅도 하고 때로는 비즈니스 종사자들을 대상으로 한 세미나에 강사로 서기도 합니다. 설명의 기술이 필요한 일을 매일같이 하고 있죠. 그런데 저는 어릴 때부터 낯가림도 많고 성격도 내성적이었기 때문에 남들 앞에서 뭔가를 설명한다는 게 어려운, 말주변 없는 사람이었습니다.

그랬던 제가 대학을 졸업한 후 잘 알지도 못하면서 입사한 곳이 외국계 컨설팅 회사였습니다. 그곳에서 제가 얼마나 설명을 못하는지 깨달았고 큰 좌절을 겪었습니다. 바로 얼마 전까지 저와 같은 학생이었다는 게 믿어지지 않을 만큼 뛰어난 설명의 기술을 구사하는 입사 동기는 상사와 선배들은 물론 고객들의 신뢰를 얻는데 저는 프레젠테이션은커녕 회의와 상사 앞에서의 업무 보고 같은 기본적인 설명조차도 남들만큼 해내지 못했습니다.

상대방에게 전달할 내용은 있습니다. 제 의견과 생각도 있고요. 그렇지만 제 설명을 들은 상사나 선배는 미간을 찌푸리며 늘 "그런데 뭘 말하고 싶은 거야?", "음, 이해가 잘 안 되는데… 다시 정리해 와" 하며 짜증 난 얼굴을 하는 겁니다.

이런 상황이니 업무도 제대로 맡지 못했습니다. 다른 동기들은 고객의 니즈를 파악하기 위해 단독으로 인터뷰를 진행하고 분석 결과를 프레젠테이션 하는데 저는 복사를 하고 자료를 만드는 등 잡무에 가까운 부가가치 낮은 일을 했습니다. 속으로 창피해하면서요.

그러던 어느 날, 이대로는 더이상 안 되겠다고 생각한 저는 저를 바꿔보기로 마음먹고 서점에 갔습니다. '설명의 기술', '설명을 잘하는'이라고 제목이 붙은 책을 여러 권 사 와서 읽기 시작했습니다. 하지만 안타깝게도 '금세 설명을 잘하게 되는’ 게 아니라 ‘설명을 못하는 나는 컨설턴트라는 일과 맞지 않는 게 분명해, 그렇다면 이제 어쩌지…’ 하며 오히려 당황스러운 나날을 보내야 했습니다.

설명을 잘하는 사람이 ‘입버릇’처럼 사용하는 말이 있다

그러던 중 어느 상사와의 만남으로 제 인생에 전환점이 찾아옵니다. 그 사람은 결코 말을 잘하는 사람은 아니었습니다. 그렇지만 그의 이야기는 정말 깜짝 놀랄 만큼 알아듣기 쉬웠고 간략했으며 세련됐습니다. 그는 아무리 어렵고 복잡한 안건일지라도 또 아무리 까다로운 상대방일지라도 순조롭게 대화를 진행했기에 임원들이나 고객으로부터 ‘저 사람이 하는 말은 언제나 알아듣기 쉬워, 제대로야!’라는 높은 평가를 받고 있었습니다.

그 상사 옆에서 일을 하면서 ‘나도 저 사람처럼 되고 싶다, 설명도 제대로 못 해서 언제까지 손해만 볼 거냐고! 이런 인생, 더는 싫어!'라고 생각했던 저는 그에게서 조금이라도 설명의 기술을 배우고자 그의 말과 행동을 관찰해 보기로 했습니다. 또한 그 상사만이 아니라 동료나 다른 임원, 고객들로부터 '저 사람 참 설명 잘해. 설득력 있단 말이야'라는 평판을 듣는 사람이 있으면 그는 과연 어떻게 설명하는지도 자세히 관찰했습니다.

그러던 어느 날 저는 불현듯 '설명을 잘하는 사람이 공통적으로 입버릇처럼 사용하는 패턴이 있구나!' 하고 깨달았습니다. 그들은 미팅에서 자주 '결론부터 말씀드리면'이란 말을 썼던 것입니다. 회의에서는 '지난 회의를 되짚어 보면'이라거나 '여기 이 숫자를 봐 주십시오', '원래' 같은 말을 반드시 사용했습니다. 고객을 위한 프레젠테이션에서는 '다른 말로 바꿔 말씀드리면'이나 '이유는 3가지입니다'라는 말을 자주 꺼냈습니다.

정말로 신기하게도, 몇 글자 안 되는 이런 표현을 썼더니 이들의 설명이 제 귀에도 얼마나 쉽게 이해되고 똑똑히 들리던지요. 누가 봐도 쉽사리 수용되지 않을 것 같던 제안도 이들이 이런 표현을 사용해서 이야기하기만 하면 그럴듯하게 들렸고 설득력도 높아졌습니다. 어느 회의에서는 양측의 의견이 꽉 막혀 큰일이다 싶었는데 이런 표현을 활용해 말하기 시작하자 뒤죽박죽이던 정보가 순식간에 정리되면서 회의가 순조롭게 진행됐습니다.

네, 맞습니다. 설명을 잘하는 사람들은 특별한 것을 말하는 것도 아니고 어려운 테크닉을 구사하는 것도 아닙니다. 그저 '이야기가 쉽게 전달되고 설득력을 높이는 표현'을 적재적소에 두었고 그 덕분에 '설명을 잘하는 사람'이라는 평가를 받았던 것입니다.

설명을 못하던 내가 설명을 잘하는 사람이 되었다

이걸 깨달은 저는 그들이 구사하는 말을 적극적으로 흉내 내 보기로 했습니다. 그 결과 깜짝 놀랄 만한 일이 벌어졌습니다. 말하는 내용은 여느 때와 같은데 "그런데 결론이 뭐야?"

라거나 "좀 쉽게 얘기해 봐"라는 말을 듣는 일이 적어졌습니다. 오히려 정반대로 "이토 씨가 말하는 건 언제나 알아듣기 쉬워", "설명을 정말 잘해서 어찌나 부러운지"라는 말을 자주 듣게 되었습니다. 어리둥절해서 제 귀를 의심할 지경이었습니다. 다시 말씀드리지만, 말하는 내용은 무엇 하나 바뀐 게 없는데 말이죠. 또 설명의 기술을 어디 가서 배운 것도 아닙니다. 저는 단지 설명을 잘하는 사람이 언제나 사용하던, 입버릇처럼 나왔던 말을 흉내냈던 것뿐입니다. 그것만 했을 뿐인데 설명을 못하는 사람이던 제가 설명을 잘하는 사람이 되어 있었습니다.

더 놀라운 것은, 이 '설명 패턴'을 실천했더니 설명을 잘하게 될 뿐만 아니라 머릿속도 정리되고 사고력도 향상되더라는 것입니다. '결론부터 말씀드리면'이라고 말하니까 결론부터 생각하는 버릇이 생겼습니다. '이유는 3가지입니다'라고 말하니까 언제나 '근거는 무엇일까?'를 생각하는 습관이 들었으며 '원래'를 입버릇처럼 말하니까 사물의 본질을 파고들기 시작했습니다. 즉 이 설명 패턴을 사용하면 할수록 설명의 기술은 물론 사고하는 폭도 커졌고 사고력이 커지니 설명의 기술이 한층 더 향상되는 선순환이 생겼습니다.

그 뒤 저는 컨설팅 회사를 떠나 스타트업의 전략기획실장을 거쳐 외국계 기업 일본법인의 사장으로 일하는 등 업무 역량을 키워 왔습니다. 그 어떤 현장에서도 저만의 무기가 됐던 것이 사회 신출내기 시절에 익힌 '설명의 기술'이었고 이것을 설명 패턴이 탄탄하게 지탱해 주었습니다.

지금은 '무슨 말인지 알아듣기 힘들어요'라는 말을 전혀 듣지 않습니다. 그때 그 시절엔 그렇게 힘들게 했던 '설명'이 지금은 저의 막강한 무기가 되었습니다.

설명 하나로 인상 · 평가 · 성과가 180도 달라진다

설명의 기술은 당신이 생각하는 것보다 간단히 익힐 수 있습니다. 그것을 내 것으로 확실히 만드는 방법도 존재합니다. 그러나 각종 이론이나 이치를 '공부만' 해서는 설명의 기술은

좋아지지 않습니다. 그렇게 해봤자 앞으로도 계속 '도대체 무슨 애긴지 알 수 없는 설명'을 할 뿐입니다.

이처럼 '설명을 못해서 손해를 보고 있는 사람'을 돕기 위해 지금까지 제가 수천 명의 설명 잘하는 사람에게서 배운, 그리고 스스로 실천하고 검증해 온 효과 만점인 설명 패턴을 여러분과 나누려 합니다. 많은 패턴 중에서 40개를 엄선해 사용 사례와 함께 정리했습니다.

부디 '설명을 잘하는 사람이 공통적으로 사용하고 있는 설명 패턴을 파악한다' ⇒ '일상 업무 중에 그것을 사용해 실제로 설명해 본다'는 이 두 가지 원칙을 실천해 주십시오.

먼저 이 책을 가볍게 넘겨 보면서 마음에 드는 것, 쉽게 사용해 볼 수 있겠다 싶은 것 한 가지부터 시작해도 됩니다. 힘들겠다는 생각도 하지 말고 '설명 패턴 학습 ⇔ 일상 업무 속에서 실천'을 우직하게 반복해 나가는 겁니다. 이를 실천하기만 하면 당신은 '탁월한 설명'을 몸에 익힐 수 있고 지금까지와는 차원이 다른 평가를 받을 수 있습니다.

성실하게 일하고 성과도 내고 있지만 설명을 잘 못해서 다른 사람이 편견을 갖게 되고 그 때문에 인사고과에서 손해 보는 사람을 저는 많이 봐 왔습니다. 저도 그랬기 때문에 그 분함과 억울함, 안타까움을 정말로 잘 압니다. 당신은 이미 최선을 다해 열심히 노력하고 있습니다. 이제 설명 잘하는 사람이 되어 정당한 평가를 받기만 하면 됩니다. 또한 설명 잘하는 당신을 주변에서 가만 놔두지 않을 것입니다. 당신을 괴롭히는 고민이 싹 해결되는 것은 물론 지금까지 상상도 하지 못했던 압도적인 성과를 손에 거머쥐게 될 것입니다. 그러니 모쪼록 지금부터 설명 잘하는 사람이 되기 위한 학습과 실천을 향해 뚜벅뚜벅 나아가시길 바랍니다.

– 이토 다스쿠

차례

시작하며   4
당신의 인사고과를 바꾸는 설명의 기술

① **결론 먼저**   19
결론부터 말씀드리면

② **예시**   26
예를 들면

③ **3가지 이유**   32
이유는 3가지입니다

④ **총정리 캐치프레이즈**   38
한마디로 말하면

⑤ **요컨대 결론**   44
그러니까

⑥ **알맹이**   50
구체적으로는

⑦ **숫자 매직**   56
우선 이 숫자를 봐 주십시오

⑧ **SDS법**   62
제일 먼저 개요를,
그다음에 세부 사항을 설명한다

9 Why 배경   68
왜 그런가 하면

10 사실&의견   74
사실과 의견을 나눠서 말씀드리면

11 간단한 개요   80
간단히 말하자면

12 직설 화법   86
솔직히 말씀드리면

13 쿠션 마무리   92
~라고 저는 생각하는데, 어떠십니까?

14 본질로 돌아가서   98
원래

15 단순화   104
이해하기 쉽게 말하자면

16 환언   110
바꿔 말하면

17 이전 회의 간단 소환   116
지난번을 되짚어 보면

18 현재 상태 클리어링   122
우선 현재 상황을 정리해 보면

19 테마+구체화   128
오늘의 테마는 ○○이고,
생각해 주실 것은 △와 □, 2가지입니다

20 양면 내보이기   134
크게 나눠서 2가지 측면이 있습니다

21 5가지 항목 설정   140
이번에 말씀드릴 것은 모두 5가지입니다

22 일점 격파   146
오늘은 ○○에 대해서만 말씀드리겠습니다

23 약점 폭로   152
○○이라는 약점이 있지만
개선이 가능합니다

24 차이 좁히기   158
이 차이를 좁히기 위해서

25 이른 거절   164
시작하기에 앞서, 미리 양해를 구합니다

26 과장   170
극단적으로 생각하면

27 역전사고   176
일부러 반대로 생각해 봅시다

28 축구장 계산법   182
이것은 □□의 ○개 크기입니다

29 패턴 추출   188
성공 패턴은 ○○, 실패 패턴은 △△입니다

30 호가호위   194
전문가도 이렇게 말합니다

31 정량&정성   200
정량적으로는~, 정성적으로는~

32 힌트 주기   206
이것으로부터 알 수 있는 것은

33 가성비 따지기   212
가성비만 놓고 봤을 때

34 수량 비교   218
A안을 1이라 하면,
B안은 조금 적게 어림잡더라도
○○ 이상입니다

35 상대방 빙의   224
상대방 입장에서 생각하면

36 행동화 유도   230
반드시 해야 하는 것을 하나만 들라면

37 극단 상정   236
최선의 경우는~, 최악의 경우는~

38 100% 동의   242
바로 그 말씀대로입니다

39 살짝 코멘트   248
이에 관련해 잠시 보충하겠습니다

40 의도 요약   254
질문의 뜻을 ○○으로 봐도 되겠습니까?

마치며   260
일 잘하는 사람으로 거듭나는 가장 빠른 방법

1

결론 먼저

결론부터
말씀드리면

회사 생활을 하다 보면 정말로 많이 쓰고 듣는 말이 바로 '결론 먼저'가 아닐까 싶다. 상사나 선배로부터 "그러니까 결론 먼저 말하세요"라는 지적을 받아 본 사람도 많을 것이다. 그런데 "왜 결론부터 말해야 하는데요?"라고 대놓고 물어본다면 의외로 대답이 궁색하지 않을까.

결론을 먼저 말해야 하는 이유는 '가장 짧은 시간에, 오해가 생길 가능성까지 최소화하며 커뮤니케이션이 가능하기 때문'이다. 예를 들면 당신이 대기업 프랜차이즈 편의점의 지역 담당 매니저라고 하자. 공교롭게도 이달 매출이 지난달과 비교해서 20% 정도 줄었다. 당신의 상사인 영업본부장이 허둥대며 다가와 이렇게 묻는다. "아니, 왜 이렇게 매출이 떨어진 겁니까?!"

이럴 때 '결론 먼저 말하기'가 장착되지 않은 사람이라면 다음과 같이 대답할 것이다.

아, 네. 각 매장의 매출은 그렇게 나쁘지는 않은데, 오히려 지난달과 비교해서 매출이 증가한 매장이 더 많은 편이고, 그렇지만 말씀하신 대로 전체적으로 살펴보면 왜 그런지 매출이 떨어지긴 했습니다. 아, 그래도 예전부터 좀 문제가 있던 요코하마 매장은 드디어 직원 교육이 제대로 이루어지고 있고, 그래서 고객 불만 접수가 줄었고, 다른 매장들 평균과 비슷해졌습니다. 매출만 놓고 보면 이제부터 잘 풀릴 것이고 매장 위치도 좋아서 앞으로를 기대할 수 있을 것 같고요. 그런데 언제나 실적이 좋았던 신주쿠의 매장은 어째 좀 상태가 좋아 보이지는 않아서, 이게 좀 우려되는 부분입니다만….

이런저런 정보를 꺼내며 대답을 하고는 있지만 상사가 원하는 정보를 주지 못하니 급기야 상사는 짜증이 날 것이다. 그러니 "아, 됐고. 우선 모든 매장의 매출 관련 정보를 알 수 있는 자료 좀 줘 봐요. 엑셀 파일이든 스프레드시트든" 같은 말로 상황은 종료된다.

반면, 당신이 '결론 먼저'가 습관화된 사람이라면 이렇게 대답할 것이다.

　　결론부터 말씀드리면, 평소 매출이 가장 좋던 신주쿠
　　매장의 부진이 원인입니다. 전월 대비 매출이 30%나
　　떨어졌고 이것이 전체 매출 감소에 영향을 미쳤습니다.
　　신주쿠 매장이 부진한 원인과 그 대책에 대해서는, 오
　　늘 중으로 사장실 보고자료 양식으로 정리하겠습니다.

　'결론부터 말씀드리면'과 같이 결론을 먼저 말하면 이처럼
원활하게 커뮤니케이션이 진행된다. 상사가 알고 싶은 '전체
매출은 왜 감소했는가?'에 대한 대답이 단박에 제공됐으니
다음 할 일은 보다 생산적인 토의로 이어질 수 있다.

'외람되게'를 붙여서 부드러움을 보탠다

　이처럼 결론 먼저 말하는 사람과 그렇지 않은 사람은 '의
사소통 속도'뿐만 아니라 '오해 발생률'에서도 큰 차이가 난
다. 한편 회사 생활을 하다 보면 윗사람에게 부정적인 결론을

보고해야 할 때처럼 결론부터 꺼내는 상황이 부담스러운 일도 생기는데 바로 이때가 '외람되게'가 나올 순간이다. 결론부터 말하면서도 남 말 하듯 냉정한 인상을 주는 것을 피하기 위해 '외람되게'를 붙이면 말에 따스함과 부드러움이 묻어난다. 그러므로 모쪼록 '외람되게 결론부터 말씀드리면'을 활용해서 어떤 상황에서든 결론 먼저 말하는 습관을 확실히 들이길 바란다.

부장님도 아시다시피, 이번에 한 계약 건은 사장님 검토까지 끝낸 매우 중요한 사안이었고 다른 부서들의 많은 응원도 받으며 만전의 태세로 대응했습니다. 그런데 수주액이 큰 건이었던 만큼 경쟁사도 본격적으로 달려들어 제안서를 제출했기 때문에 정말로 힘든 싸움이었던 건 맞습니다. 그렇지만 그런 와중에도 하나로 똘똘 뭉쳐서 모두가 열심히 최선을 다했기에 이렇게 수주를 해냈습니다!

OK

결론부터 말씀드리면, 이번 계약 건은 우리가 무사히 수주했습니다! 경합이니만큼 경쟁사들도 치열하게 준비해서 제출했겠지만 우리도 전사 협력체제로 대응했기에 이와 같은 성과를 이루어냈습니다. 이후 구체적인 업무에 대해서는 별도로 정리해서 공유하겠습니다.

2

예시

예를 들면

세상에서 가장 심플하고 사용하기만 하면 "이야~, 이 사람 설명 참 잘하네! 금세 알아듣겠어!" 하며 끄덕끄덕하는 고개와 감사의 눈빛을 곧바로 볼 수 있는 그 유명한 네 글자가 바로 '예를 들면'이다.

너무 추상적이어서 들을 때는 알 것 같다가도 돌아서면 금세 아리송해지는 그런 이야기를 할 때 꼭 활용해야 한다. 이런 이야기가 '예를 들면' 없이 끝나버리면 이해하기 어려웠던 사람은 '조금 알 것도 같으면서도… 그렇지 않은 것도 같고…' 같은 오묘한 표정을 짓는다.

구체적인 사례로 살펴보자.

판매 상황을 개선하기 위해 열심히 하는 것도 중요하지만 그전에 실제 구매로 이어질 가능성이 높은 고객들을 모으는 마케팅도 제대로 하지 않으면 판매 결과는 나오지 않습니다.

큰 줄기로 봤을 때 잘못되었다고 할 수는 없지만, "그야 그렇지. 그래서?" 하게 될 뿐 어떤 행동으로 이어질 가능성은 희박하다. 그러므로 이렇게 끝내지 말고 다음과 같이 '예를 들면'을 붙여보자.

(앞부분 동일 내용 생략) 예를 들면, 실제로 제가 과거에 경험했던 사례인데 광고를 통한 고객은 100명 중 1명만 구매로 이어졌지만 검색 고객은 100명 중 10명이 구매했습니다. 이번 건도 역시 어떤 채널로 접근한 고객의 구매 확률이 높을까를 분석하면 마케팅 비용의 최적화가 가능할 것입니다.

이처럼 '예를 들면'을 붙이면 자연스럽게 구체적인 사례 소개로 연결되니 듣는 사람은 "아, 그렇겠구나. 우리도 해 보자!" 하고 행동에 옮길 수 있다.

'예를 들면' 뒤에는 '구체적×실제 체험'으로!

'예를 들면'을 척 붙이기만 하면 설득력 있는 에피소드로 자연스럽게 이어지긴 하지만 될 수 있으면 '구체적×실제 체험'을 포함해야 설득력이 더욱 높아진다. 앞서 말했던 사례에도 '광고를 통한 고객은 100명 중 1명, 검색 고객은 10명 중 1명'이라는 매우 구체적인 실제 경험이 드러났기 때문에 판매만이 아니라 마케팅도 중요하다는 추상적인 말에 설득력이 더해졌고 추후 행동을 이끌어 냈다.

'예를 들면'이 없는 추상론 때문에 분위기가 썰렁하다 싶은 순간, 바로 '예를 들면~' 하고 시작해서 '구체적×실제 체험'을 담아 말하면 그곳에는 어느새 따스한 봄바람이 불 것이다.

'예를 들면'은 단번에 조직 전체를 움직이게 하는 강력한 설득 방법이므로 잘 익혔다가 '이 회의, 왜 이렇게 갑갑하냐' 싶을 때 쓱 꺼내서 가라앉은 회의를 불타오르게 하자.

NG

온라인 시대는 예전보다 훨씬 더 리액션이 중요합니다. 좋은 리액션을 하기만 하면 주변에서 높은 평가를 받을 수 있습니다.

OK

온라인 시대는 예전보다 훨씬 더 리액션이 중요합니다. 좋은 리액션을 하기만 하면 주변에서 높은 평가를 받을 수 있습니다. 예를 들면, 채팅할 때 언제나 답글이나 이모티콘으로 반응하고 줌 회의 때도 카메라를 켜고 고개를 끄덕이거나 때로는 미소 짓는 얼굴을 보이는 것만으로도 '와, 이 사람 참 좋은 사람이네'라는 인상을 줄 수 있습니다.

3가지 이유

이유는
3가지입니다

제안의 설득력을 높이고 싶을 때 사용하면 정말로 강력한 것이 3가지 이유이다. "이유는 3가지입니다" 하고서 살을 붙이면 '아, 이 사람은 진짜로 고심했구나!' 하고 여겨지며 그 결과 그의 주장은 쓱 통과된다.

간단한 상황으로 생각해보자. 선배와 함께 고객사들을 도는 외부 일정 중인데 후배가 이번에는 택시로 가자고 설득하는 장면이다. 먼저, 3가지 이유가 없는 경우다.

선배님, 이번 고객사는 택시로 가지 않으시겠습니까?
아니, 뭐 특별한 이유가 있어서 그런 건 아니고요. 그냥
지하철로 가면 좀 피곤할 것 같기도 하고….

만일 선배가 매사 귀찮아하고 비용 지출에 대한 생각도 투미한 사람이라면 이 제안에 단번에 오케이할지 모르지만, 보

통은 즉시 안 된다고 할 것이다.

이번에는 3가지 이유가 있는 경우다.

선배님, 이번 고객사는 택시로 가지 않으시겠습니까? 왜냐하면 3가지 이유가 있는데요. 첫째는 남는 시간을 사전 협의에 쓸 수 있기 때문입니다. 내용에 좀 부족한 부분이 있는 것 같아서 들어가기 전에 선배님과 상의하고 싶습니다. 둘째는 지금 보니까 비라도 내릴 것 같은데 진짜로 비가 내리면 역에서부터 걸어가는 동안 옷이 젖어서 고객에게 안 좋은 인상을 줄 것 같습니다. 셋째는 경비 정산도 제가 일괄로 할 수 있으니까 선배님께서 이번 출장 교통비를 따로 신청하시는 수고를 덜 수 있지 않을까 해서요. 어떻게 생각하세요?

이런 정도라면 선배가 어지간히 택시를 싫어하지 않는 한 "아, 그래? 그럼 택시로 가지"라고 할 것이다. 물론 이 3가지 이유를 세세히 들여다보면 따져 볼 부분이야 있겠으나 애초부터 '어떤 것을 주장할 때 그 이유를 3가지나 준비한 노력'을 했다는 점에서 제안이 받아들여질 가능성이 2.5배나 높아진다.

'하! 매번 3가지씩이나 생각날 리 없잖아! 어떻게 그래?'라며 고개를 돌리는 당신에게 급히 할 말이 있다. 아무리 이유가 빈약하더라도 '이유는 3가지가 있다'고 말해야 한다. 억지로라도 3가지 이유를 짜내는 당신의 진지한 태도 때문에 상대방은 '3가지 이유'가 내뿜는 그 파워에 긴장하며 "알았어, 알았어. 그렇게 진행하지"라고 대답하게 되기 때문이다.

또한 '3가지 이유'에 누락이나 중복이 있어도 괜찮다. 이유가 부실하지 않을까 혹시 중언부언이 아닐까 신경 쓰기 시작하면 되레 아무 말도 할 수 없게 된다. 예를 들어 "이 레스토랑을 고른 이유는 3가지입니다. ①야경이 멋지다는 점 ②맛집 블로그에 많이 오르는 곳이라는 점 ③고층에 위치하기 때문에 경치가 아름답다는 점입니다"라고 하면 완전 OK라는 뜻이다. 이걸 두고 여러분은 '어? ①과 ③은 같은 말인데?'라고 하겠지만 상대방이 직업병 있는 고지식한 컨설턴트가 아니라면 그렇게 하나하나 물고 늘어지지는 않을 것이다.

'이유를 3가지 준비해야지'라고 생각했던 그 순간의 열의만으로도 단번에 '설명을 잘하는 사람'으로 평가받게 될 것이다.

NG

이번 정규모임은 사이제리야(일본의 패밀리 레스토랑 체인점)에서 하려 합니다.

OK

이번 정규모임은 사이제리야에서 하려 합니다. 이유는 3가지입니다. 첫째는 사전에 참석 인원수를 확정하지 않아도 되고, 둘째는 압도적인 가성비 때문이며, 셋째는 역에서도 가깝고 사무실에서도 가까워 많은 사람들이 참석하기 쉽기 때문입니다.

4

총정리 캐치프레이즈

한마디로
말하면

회사 직원이나 고객에게 이야기를 할 때, 물론 가능한 한 간단하면서도 쉽게 전달하려고 밤낮으로 고심은 하지만 때때로 길어질 때도 있다. 그 결과, '열심히 이야기는 했지만 상대방의 머릿속에는 아무것도 남아 있지 않은 것 같아' 하는 생각이 들며 답답하고 기운 빠지는 사태가 벌어지기도 한다. 이처럼 의도치 않게 길게 말해버린 뒤에 상대방의 머릿속에 강한 인상을 남기고 싶을 때 '한마디로 말하면'이 대활약을 한다.

벤처캐피털에서 근무하는 당신은 발전 가능성이 높은 유망한 회사를 발견했다. 당신은 상사에게 투자 의견을 전달하고 "좋아! 구체적으로 진행시켜 봐"라는 말까지 듣고 싶다.

총정리 캐치프레이즈가 없는 경우, 이런 장면이 된다.

이 회사는 치과 의료기기 관련 업계에 속하며 이쪽 업

계 전체 시장 규모는 매년 10% 이상 성장하고 있습니다. 회사는 설립된 지 3년 되었고 매 분기 성장하고 있으며 최근 들어 매출이 증가할 뿐 아니라 이익률도 개선되고 있습니다. 창업 팀도 여전히 왕성하게 활동하고 있고 기존 고객들의 리뷰도 매우 좋아서 앞으로 더욱 성장하리라 예상됩니다. 마침 그쪽도 좋은 투자자를 찾고 있는 상황인데 모쪼록 우리도 투자를 검토하고 싶습니다. 어떻게 생각하십니까?

상사에게 '그래? 흐음, 요즘은 좋은 곳이 참 많군'이란 인상은 줄 수 있겠으나 많은 투자 후보들 중에서 눈길을 사로잡을 만큼 매력적으로 보이기에는 다소 부족하다. 그렇다면 여기서 총정리 캐치프레이즈를 꺼내보자.

(앞부분 동일 내용 생략) 한마디로 표현하면 '광속×안정 성장의 스타트업'입니다. 투자하지 않을 이유가 없다고 생각하는데, 어떻습니까?

이 회사가 빠른 성장만이 아니라 안정되어 이익도 낼 수 있는 체제까지 갖췄다면 투자 검토 이유는 충분하다. 물론 검토해야 할 사항이 이외에도 더 있겠지만 '광속×안정 성장 스타트업'이라는 캐치프레이즈로 상사의 뇌리에 강한 인상을 남겼기에 자연스럽게 다음 단계로 진행될 가능성이 높다

총정리 캐치프레이즈는 과장되게!

총정리 캐치프레이즈 사용 팁은 '과장되게 할 것'이다. 길고 긴 이야기 끝에 강렬한 인상을 남기기 위해 한마디 던지는 것인 만큼 상대방이 '이건 뭐지!?' 할 만한 표현을 골라야 한다. '한마디로 말하면, 가능성이 있을 것 같습니다'보다 '한마디로 말하면, 우리 최대의 거래처가 될 것입니다'라는 식으로 말이다.

물론 지나친 과장은 좋지 않지만 길고 자세하게 이야기할 만큼 열정과 성의를 담고 있다면 과장되게 표현해도 괜찮다. 업무에 쏟아 넣은 열정을 총정리 캐치프레이즈에 담아 상대방에게 강한 임팩트를 주자.

NG

지난주에 면접 봤던 A씨에 관해 보고드립니다. 굳이 지적하자면 조용해 보이는 타입이라 세일즈 리더로서 어떨지 다소 염려스러운 첫인상이었으나 열정만이 아니라 실제로 데이터도 참고하면서 영업 전략을 세우는 능력도 있었고 그러면서 그 능력을 활용해 확실하게 이달의 목표를 달성하는 강한 근성도 있는 사람이었습니다.

OK

지난주에 면접 봤던 A씨에 관해 보고드립니다. 굳이 지적하자면 조용해 보이는 타입이라 세일즈 리더로서 어떨지 다소 염려스러운 첫인상이었으나 열정만이 아니라 실제로 데이터도 참고하면서 영업 전략을 세우는 능력도 있었고 그러면서 그 능력을 활용해 확실하게 이달의 목표를 달성하는 강한 근성도 있는 사람이었습니다. 한마디로 표현하면 '묵묵히 결과로 보여 주는 재야의 고수 같은 리더'였습니다.

5

요컨대 결론

그러니까

'여기가 지금까지 했던 이야기의 결론입니다. 총정리 부분이지요!' 하며 이야기의 포인트를 알기 쉽게 드러내는 표현이 '그러니까'다.

이 책 맨 처음에 '결론 먼저' 말하라고 했지만, 실제 상황에서 언제나 결론부터 말할 수 있느냐 하면 그렇지 않은 경우도 있다. 게다가 처음부터 끝까지 자기 혼자서 이야기를 이끌어 갈 수 있는 상황이라면 '결론 먼저'로 시작할 수 있겠지만 다른 사람이 '결론이 명료하지 않은 이야기'를 먼저 시작한 경우라면 '결론 먼저'를 규칙대로 사용할 수 없다. 이럴 때 당신이 '그러니까'를 활용해서 결론 부분이 어디인지 명확하게 나타내면 '역시 이 사람, 정리 한번 끝내주네!'가 되는 것이다.

아내와 함께 쇼핑몰을 돌아다니다 보니 슬슬 배가 고파지기 시작한 오후 5시 30분, 당신은 아내에게 "우리 뭐 좀 먹을까? 당신은 뭐 먹고 싶어?"라고 묻는다. 아내는 "그러게… 라멘을 먹을까, 아니면 고추잡채? 흐음, 샤오룽바오로 할까? 아니면 볶음밥? … 뭐 그런 거?"라고 말한다. 이럴 때 "그러니까, 중화요리네! 4층 식당가에 중국 음식점이 있던데 거기 가 볼까?"라고 하면 완벽하다.

실제 회의나 거래 상담에서도 다양한 아이디어와 의견이 튀어나오다가 결국은 배가 산으로 가버려 '우리가 뭐 하려고 했더라?' 하는 생각이 든 적 있지 않았던가. 이를 방지하기 위해 '그러니까'를 자주 꺼내 중간 정리를 해가며 회의를 진행하자.

구체적으로는 아래의 D처럼 완결되면 훌륭하다.

A : 이 제안서, 조금 더 시장의 전체 상황을 다뤘으면 좋겠는데요.

B : 경쟁사에 관한 정보가 부족한 거 같기도 해요.

C : 우리 회사 서비스에 대한 설명은 정말 잘 된 거 같아요.

D : 그러니까, 우리 회사 부분은 OK이고 시장 상황과 경쟁사 부분에 대해서는 검토가 더 필요하다는 말씀이시죠? 좀 더 구체적인 조사를 위해 일정을 좀 늘려 주시면 감사하겠습니다!

내용이 중구난방 막 흩어져서 잘 모를 때는 "그러니까 (결론)이란 거네요!"라고 말하기만 하면 일단은 오케이다. 여기에 익숙해지면 그다음 단계인 '가능한 한 압축하기=결론을 날카롭게 표현하기'에 도전해 보자.

앞에서의 사례로 보면, "그러니까, 중화요리네! 4층 식당가에 중국 음식점이 있던데 거기 가 볼까?" 이 정도도 나쁘지 않지만, '압축하기=결론을 날카롭게 표현하기'를 적용하면 "그러니까 바미얀(일본의 차이니즈 패밀리 레스토랑 체인점)이네!"가 된다.

지금까지 펼쳐졌던 긴 이야기를 이렇게까지 압축해 짧고 구체적으로 표현할 수 있다면 당신은 그야말로 영웅이 된다. '맞아 맞아. 바로 그거야!' 하며 파도 같은 갈채가 터져 나오고, 그다음부터 회의가 종잡을 수 없을 때마다 참석자들은 모두 당신의 얼굴을 보며 '언제쯤 저 사람의 "그러니까"가 나올까…' 하며 기대 가득한 눈동자로 바라볼 것이다.

바라는 직장이라면… 어느 정도는 업무량이 많아서 근무 시간이 길어도 괜찮긴 한데 그런 만큼 인재 시장에서 좋은 평가를 받을 수 있고, 그리고 성과를 내면 그게 보수로 돌아오는 그런 곳이면 좋지 않을까. 반드시 가고 싶은 분야는 없지만 한 가지 일만 해야 한다면 금세 질릴 것도 같고… 한 회사에 있으면서 다양한 업계를 경험할 수 있거나 하는… 그런 데가 역시 좋을지도….

OK

바라는 직장이라면… 어느 정도는 업무량이 많아서 근무 시간이 길어도 괜찮긴 한데 그런 만큼 인재 시장에서 좋은 평가를 받을 수 있고, 그리고 성과를 내면 그게 보수로 돌아오는 그런 곳이면 좋겠어. 반드시 가고 싶은 분야는 없지만 한 가지 일만 해야 한다면 금세 질릴 것도 같고. 오히려 한 회사에 있으면서 다양한 업계를 경험할 수 있으면 그게 더 좋을지도 모르겠네. 그러니까, 컨설팅 회사 쪽인 것 같아.

6

알맹이

구체적으로는

내가 가장 자주 쓰는 표현 중 하나가 바로 '구체적으로는'이다. 당연히 이 책에도 몇 번이나 등장했다. 이 말을 쓰면 설명이 이해하기 쉬워지는 것은 물론 상대방에게 '어, 이 사람, 알고 보니 능력 있는 사람이었네!'라는 인상까지 심어 줄 수 있다.

이해하기 쉽게 '취업 활동'을 사례로 들어 보자. 면접관이 지원 동기를 질문했을 때 다음과 같이 뜬구름 잡는 말을 하는 사람이 의외로 많다.

귀사의 고객 중심 문화에 감명을 받아 부디 그 일원이 되고 싶다고 생각했습니다.

이런 대답이라면 면접관은 '음, 그렇군' 하는 감상 이상은 없을 것이고 구직자는 그들의 마음을 사로잡지 못한다. 하지만 이렇게 뜬구름 같은 말일지라도 그 끝에 '구체적으로는'을 붙이기만 하면 단번에 알맹이가 생긴다.

귀사는 고객 중심의 문화, 구체적으로는 창업 때부터 한 그릇에 500엔으로 든든한 양의 라멘을 제공하고, 집에서도 먹고 싶다는 소비자들의 요청에 부응하기 위해 '용기를 갖고 오면 포장해 드리는 시스템'을 갖추고 있습니다. 게다가 채소와 기름을 무료로 추가하는 시스템, 원래부터 타의 추종을 불허하는 맛 등 한번 맛보면 누구든 열성팬으로 만들어 버리는 이러한 시스템에 감명을 받았습니다. 뭐든지 할 수 있습니다. 부디 일할 수 있게 해주십시오!

'뜬구름 잡는 소리를 해버렸네'라고 느낀 후에는 구체화를

'구체적으로는'을 붙이는 타이밍은 언제가 좋을까 고민하는 사람도 있을 것이다. 이에 관해 나는 '뜬구름 잡는 소리를 해버렸군' 하고 느낀 3초 후를 장려한다.

프레젠테이션에서도, 일상 대화 중에도 '아, 나 방금 추상적으로 말해버렸다', '이 사람들… 지금 좀 의아한 표정이지?!'를 느끼는 순간이 있을 것이다. 그런 느낌이 오면 이제 추상적인 말은 멈추고 잠깐 쉰 다음 '구체적으로는'을 말한 뒤 구체적인 사례를 덧붙이자. 그 쉰 시간이 약 3초쯤 될까.

이것을 습관화하면 '입만 열면 일반론과 추상론만 말하는 사람, 얼토당토않은 소리나 해대는 사람'에서 '구체적인 사례와 프로세스까지 딱 떨어지게 말하는 믿을 수 있는 사람'으로 평판을 확 바꿀 수 있다.

내 자랑 같아 부끄럽지만, 예전에 컨설턴트와 경영기획 업무를 같이 할 때 나는 '구체적인 액션을 취할 수 있게 해줘서 일이 착착 진행되게 한다'는 평가를 받곤 했다. 이건 특별히 내 머리가 좋아서가 아니라 언제나 '구체적으로는, 구체적으로는' 하고 부르짖으며 일을 했기 때문이다. 정말 이것만 있어도 주변 사람들의 신뢰를 듬뿍 받을 수 있으니 부디 '구체적으로는'을 꼭 사용해 보길 바란다.

이상적인 제휴사에 관한 것인데, 많은 개인을 고객으로 확보하고 있으면서 한편으로는 친밀한 소통도 가능한 업종이면 좋겠습니다.

OK

이상적인 제휴사에 관한 것인데, 많은 개인을 고객으로 확보하고 있으면서 한편으로는 친밀한 소통도 가능한 업종이면 좋겠습니다. 구체적으로는 호텔 체인과 미용실 체인을 후보로 생각해 볼 수 있습니다.

7

숫자 매직

우선 이 숫자를
봐 주십시오

'무슨 일이 있어도 이번 설명에는 강력한 설득력이 필요해!'라고 생각할 때의 필살 무기가 이번에 소개할 '숫자 매직'이다.

사람은 정말로 숫자에 약한 생명체라서 숫자가 나타나기만 하면 그 진위를 확인하지도 않고 '으악! 수, 숫자다. 이 사람은 정말 전문가다!' 하며 주눅이 든다.

용돈을 올려 달라고 아내에게 말할 때를 생각해 보자. 보통은 미안한 얼굴로 이렇게 말한다.

그러니까… 요즘 용돈이 좀 부족해서…. 나도 일을 열심히 하고 있기도 하고… 물론 집안 사정이 그렇게 여유가 있지 않다는 것도 알긴 하지만…. 게다가 당신도 알다시피 인플레이션도 계속되고 있고, 그러니까… 월 1만 엔 정도 더 받을 수 있으면 좋지 않을까 해서….

그렇지만 용돈 인상 케이스는 무슨 일이 있더라도 반드시 설득력이 있어야 하는 일인 만큼 '우선 먼저 이 숫자를 봐 주십시오'를 써야 한다.

> 그러니까, 여보. 우선 이 숫자를 봐 주면 좋겠어. 연 수입 1,000만 엔인 사람의 용돈은 대개 7만 엔이래. 이 정도의 용돈이 있으면 옷차림이나 인맥에 쓸 수 있는 금액도 늘 거고 그런 만큼 일도 더 잘 될 테고 그럼 연 수입도 더 커지는 긍정적인 선순환이 된다고 하네. 물론 내가 연 수입이 1,000만 엔은 아니지만 이걸 목표로 하기 위해서라도 여기에 어울리는 용돈이 있으면 좋지 않을까 싶은데, 어떨까?

아내의 너그러움에 무작정 매달리는 것도 아니면서 비록 근거가 좀 이상하긴 해도 '연 수입 1,000만 엔'이라는 임팩트 있는 숫자를 꺼내 들며 '지금보다 더 돈을 벌고 싶다', '당신을 위해서다'라고 설득하는 것이다. 이유가 어이없다 보니 아내가 코웃음을 칠 수도 있긴 하지만 분명 효과는 있을 것이다.

프레젠테이션에도 사용할 수 있다

세미나나 상품 소개 같은 프레젠테이션 자료에도 사용해 보자. 화면에 수수께끼처럼 숫자만 '짠!' 하고 띄우고서 "우선 이 숫자를 봐 주십시오" 하면서 시작하면 모두의 시선을 끌 수 있다.

소프트뱅크 창업자 손정의 회장은 창업 초기부터 언제나 '일본에서 두부 한 모를 일 조, 두 모를 이 조라 부르듯이 우리 회사 실적도 1조, 2조라 부를 만큼 거대한 규모로 키우겠다'라고 했다는 에피소드가 유명하다. 수억, 수십억이 아니라 언제나 '조' 단위의 세계를 지향한다는 그 거대한 스케일이 얼마나 잘 전달되는 표현인가.

프레젠테이션 중에 가장 임팩트 있을 것 같은, 가장 화제가 될 것 같은 숫자를 골라 한 페이지 전체에 그것만 딱 띄워 보여 주자. 여태까지와는 전혀 다른 신나는 프레젠테이션이 될 것이다. 숫자를 사용하면 단숨에 집중시킬 수 있어서 상대방을 내 영역으로 깊숙이 끌어들여 놓고 설명하는 것과 같다. 설득력이 높아질 뿐 아니라 엔터테인먼트적 요소도 높이는 일거양득 표현이니 여러 상황에서 활용해 보자.

페이페이(일본의 핀테크 기업), 최근 많이들 사용하고 있지요!

OK

우선 이 숫자를 봐 주십시오. '5,000만 명'. 이것은 페이페이의 가입자 수로, 일본인 약 2.5명 중 1명이 사용한다는 뜻입니다.

8

SDS법

제일 먼저 개요를,
그다음에 세부 사항을 설명한다

'개요(Summary)를 말한 다음, 상세 (Detail)를 설명하고 마지막에는 다시 요점(Summary)으로 돌아 간다'의 알파벳 첫 글자를 따서 'SDS법'이라 불리는 '개요 → 상세법'이다. 이것은 새로운 프로젝트를 시작할 때 팀원들에 게 그 개요를 설명할 때나 참가자들의 이해 수준이 균일하지 않은 세미나에 강사로 서야 할 때 쓸 수 있는 설명 방법이다. 이런 환경의 세미나에서 불쑥 상세한 부분부터 설명하기 시작 하면 듣는 사람은 '응? 저건 뭔 말이야?' 하며 불편해질 테고 세미나 종료 후 설문조사에 '이해가 잘 안 됐다'라며 유감스러 운 평가를 쏟아낼 것이다. 그래도 갑자기 상세부터 설명해버 리는 사람이 없다고 할 순 없으니 역으로 듣는 사람 입장에서 어떻게 들리는지 사례로 살펴보자. 예를 들어, 최근에 유행하 고 있는 VTuber에 관해 설명한다고 하자.

어느 기수든 모두 다 예쁘고 매력이 넘치지만 아무래도
지금처럼 두터운 팬층을 만든 것은 3기생이라고 생각
해요.

이렇게 얘기하면 VTuber에 대한 기초지식이 없는 사람은
전혀 이해하지 못한다.

우선은 개요를 말씀드리고 그 뒤에 상세하게 설명하겠
습니다. VTuber란 '버추얼 유튜버'의 줄임말로, 2D나
3D 아바타로 방송 활동을 하는 사람들을 일컫는 말입
니다. 개별적으로 아바타를 만들어서 개인 활동을 하는
사람도 있지만 UUUM(세계 최초이자 일본 최대 규모의 유튜
버 활동 지원 기획사로 '우움'이라 읽는다.-역주) 같은 에이전시
에 소속된 사람도 있습니다. 특히 유명한 에이전시는
'니지산지'와 '홀로라이브프로덕션(hololive production)'
이 두 곳입니다. 저는 특히 홀로라이브를 좋아하는데
지금부터 구체적인 VTuber 사례를 들면서 설명하겠습
니다.

이렇게 하면 듣는 사람은 '도대체 알아들을 수가 없다!'라는 불만을 제기할 수 없을 것이다. 이 말 다음에 구체적인 방송 활동도 보여 주면서 설명을 하면 듣는 사람은 단시간에 VTuber에 관해 어느 정도 체계적인 지식을 흡수할 수 있다.

새로운 개념, 어려운 토픽은 반드시 'SDS법'으로!

SDS법은 한번에 이해하기 어려운 개념이나 지금까지는 없었던 새로운 토픽에 관해 이야기할 때 엄청난 효과를 발휘한다.

한편, 모인 사람의 이해 수준이 엇비슷하거나 이미 사회의 상식이 된 것에 관해 설명할 때는 순서를 바꿔 어느 정도 상세한 부분부터 시작해도 나쁘지 않다. 오히려 그런 상황일 때 지나치게 개요부터 하면 '어휴, 답답해! 다 아는 얘길 언제까지 들어야 해?' 하는 반응이 나올 수 있다.

'새로운 개념, 어려운 토픽이다 싶을 땐 바로 SDS법을 사용한다'를 잘 기억했다가 설명할 때 사용해 보자. '와, 이 사람은 아무리 어려운 내용이라도 이해하기 좋게 풀어서 얘기해 주는구나!'라는 평판이 쫙 퍼질 것이다.

마케팅은 CAC를 어떻게 억제하는가에 달려 있다 할
수 있습니다.

OK

마케팅에서 매우 중요한 개념인 CAC에 대해서 먼저 개요를 말씀드리고 그 뒤에 상세히 설명하겠습니다. CAC는 Customer Acquisition Cost, 우리말로 바꾸면 '고객 획득 비용'입니다. 고객 한 사람이 얼마만큼의 비용을 지불해서 상품을 구입하는가를 나타낸 지표이지요. 그럼, 우리 사업에서 CAC가 어떤 상황인지 구체적인 데이터를 보면서 설명하겠습니다.

9

Why 배경

왜 그런가
하면

'왜 그런가 하면'이라는 'Why 배경'
도 패턴도 내가 자주 쓰는 표현 랭킹5에 들어간다. 어떤 상황
에서든 쓸 수 있고 이걸 쓰기만 하면 듣는 사람은 금세 '아, 그
렇구나! 이 사람이 말하는 건 들을 만하겠구나!' 하고 생각하
기 때문이다. 반대로 '설명을 잘 못한다', '상대방을 이해시키
는 게 어렵다'는 사람은 이 표현을 사용하지 않는 경향이 있다.

　사람은 어쨌든 간에 '이유'를 찾는 존재다. 말하는 사람 입
장에서 '이런 건 정말 당연한데 꼭 이유를 말해야 할까?'라는
생각이 들지라도 듣는 사람은 '배경과 이유 설명이 충분하지
않으면 판단을 내리기 어려워'라고 생각하며 최악의 경우 '이
유도 설명하지 않고 요구만 늘어놓다니!' 하며 불쾌하게 여
길 수도 있다. 이런 일이 일어나지 않도록 조금이라도 상대방
이 의아한 듯한 표정을 지으면 곧바로 '왜 그런가 하면'이라는
'Why 배경'을 사용하자.

예를 들면, '지금까지 해보지 않은 새로운 사업으로 진출해야 한다'라는 제안을 상사에게 하는 경우다.

> 우리 회사는 지금까지 프리랜서와 기업의 매칭이 주요 사업이었는데 이번에 새롭게 카페 사업을 시작하고 싶습니다!

이렇게만 말하면 상사는 당연히 황당해할 것이다. '어째서 카페 사업을?', '지금까지 해 온 것과 관계없지 않나?', '노하우라든가 사업자금 같은 건 어쩌려고?' 등등 얼굴에 물음표가 차곡차곡 쌓여 가는 게 충분히 상상된다.

그러나 'Why 배경' 패턴을 사용하면 다음과 같다.

> 우리 회사는 지금까지 프리랜서와 기업의 매칭이 주요 사업이었는데 이번에 새롭게 카페 사업을 시작하고 싶습니다. 왜 그런가 하면, 지금 우리 회사는 원격근무가 중심이기 때문에 이미 있는 사무 공간을 효과적으로 활용해야 하기 때문입니다. 또 단순히 온라인 매칭만 하면 경쟁사와 차별화가 어렵지만 카페에서 정기적으로

프리랜서들과 기업 담당자들을 초대해 이벤트를 개최하면 경쟁사와 차별화된 지원이 가능해지므로 기존 사업을 더욱 크게 성장시킬 가능성이 있습니다.

이런 식으로 설명하면 상사는 "그럴듯하군! 좀 더 구체적으로 말해 봐!" 하며 상체를 앞으로 내밀며 자세를 고쳐 잡을 것이다.

자기 자신과의 대화에 사용하면 '생각 깊은 사람'이 될 수 있다

나는 'Why 배경' 패턴을 다른 사람에게 설명할 때뿐 아니라 나 자신과의 대화에도 활용하고 있다. 고민이나 문제점을 노트에 죽 적고서 '이것은 왜 그런가 하면…' 하면서 그 배경을 하나하나 적어 나가는 것이다. 이 과정을 몇 번 반복하면 '아아, 이게 원인이었구나!' 하고 깨닫게 되면서 생각이 깊어진다.

이렇게 하는 습관이 들면 평소에도 '왜 이런 사태가 벌어졌지?' '이 사람은 왜 이런 행동을 하는 걸까?'처럼 현상의 뒷면을 읽는 힘이 점점 생기게 된다.

NG

일단은 마케팅에 들어가는 비용을 줄여야 합니다.

OK

3개월 정도 마케팅에 들어가는 비용을 지금까지의 70% 정도로 줄여 보시지 않겠습니까? 왜 그런가 하면, 대표성은 상당히 획득했지만 매출이 감소했기 때문입니다. 데이터를 보면 영업 쪽 인원이 충분하지 않고 후방 지원도 제대로 돌아가고 있지 않을 가능성이 있습니다.

10

사실&의견

사실과 의견을 나눠서
말씀드리면

어쩐지 팽팽한 기 싸움이 벌어질 것만 같은 상황 혹은 이미 난장판이 됐을 때 단번에 수습할 수 있는 강력한 표현이 바로 '사실&의견'이다. 이야기가 중구난방이 되는 이유의 80% 이상이 사실과 의견을 혼동하기 때문이다. 지금 말하고 있는 게 누구에게나 명백한 '사실'인가 아니면 '나는 이렇게 생각한다'라는 '의견'인가. 이게 뒤섞여 버리면 시간을 아무리 들여도 논의는 끝나지 않는다.

예를 들면, '사이제리야(일본의 이탈리아식 패밀리 레스토랑 체인)와 요시노야(소고기덮밥이 중심인 일본의 체인 식당), 어느 쪽이 가성비가 더 좋을까?'로 대립하고 있다고 치자.

사이제리야에서는 이탈리아식 그라탱을 300엔만 내면 먹을 수 있습니다. 하지만 요시노야에서는 소고기덮밥이 보통 사이즈라도 448엔이니 비싸지 않나요?

아니, 아니에요. 사이제리야에서는 그라탱 하나만으로 끝나는 게 아니라 샐러드와 초리소(돼지고기로 만든 스페인 소시지) 같은 것도 주문하게 되고 그럼 결국 1인당 1,000 엔이 넘어요. 그렇게 되면 요시노야 쪽이 싼 거니까 가성비는 당연히 요시노야 쪽이죠!

이럴 때 살짝 끼어들어 '사실과 의견을 나눠' 말해 보자.

'사실'로 신뢰 획득, 그런 다음에 '의견' 투척

사실과 의견을 나눠서 말씀드리고 싶습니다. 먼저 사실부터 말씀드리면, 메인 메뉴의 가격을 비교할 때 그라탱이 300엔, 소고기덮밥 보통 사이즈가 448엔입니다. 고객 1인당 평균 구매 금액은 사이제리야가 825엔, 요시노야가 510엔으로 요시노야 쪽이 저렴합니다. 이에 대해 의견을 말씀드리면 저는 '양쪽 다 가성비가 높은 훌륭한 매장이며 단지 이용 상황에 따라 다르다'고 생각합니다. 여러 사람이 화기애애하게 시간을 보내며 가성비 높게 즐길 수 있는 곳은 사이제리야이고 짧은 시간 안에 맛과 영양을 보충할 수 있는 곳이 요시노야라고 말입니다. 이렇게 TPO에 맞게 이용하면 되는 것이니 '가성비는 두 곳 다 최고다!'라는 결론은 어떻습니까?

SNS 댓글에서 종종 볼 수 있는 논쟁은 사실과 의견이 뒤섞여 있어서 냉정한 논의가 불가능하기 때문에 발발하는 것이다. 온라인뿐만 아니라 대면 논쟁도 다르지 않다. 종국에는 양쪽 다 감정이 격양돼서 심한 말까지 주고받는 경우도 많다.

'사실과 의견으로 나눠서 말씀드리면…' 하면서 공손하게 끼어든 뒤, 제일 먼저 모두가 '그래요, 맞아 맞아!' 하며 납득할 수 있는 '사실'을 제시하자. 이렇게 하면 모든 입장의 사람들로부터 신뢰와 존경을 얻을 수 있다.

모두의 신뢰와 존경을 얻은 상태에서 이제 당신은 자유롭게 '의견'을 말할 수 있다. 앞서 말한 사실을 거스르지 않는 한 무슨 말을 하든 당신 자유다. 이미 모두로부터 신뢰를 얻은 '사실'을 기반으로 꺼낸 당신의 '의견'이 받아들여질 확률은 아무리 낮춰 잡아도 87%가 넘는다.

NG

이번 분기의 실적이 좋아진 원인은 판매 쪽이 열심히 해서라기보다는 확실히 구매할 의사를 가진 고객을 많이 모을 수 있었기 때문이 아닐까 합니다.

OK

이번 분기의 실적 향상에 관해서 사실과 의견으로 나눠서 말씀드리면, 집객수에는 변함이 없지만 그들의 구매율이 올랐습니다. 판매 쪽에서 큰 변화가 추가된 건 아니기 때문에 마케팅 쪽에서 구매 의사가 높은 확실한 고객을 모았던 게 주효했다고 생각합니다.

11

간단한 개요

간단히
말하자면

세세한 부분은 일단 제쳐 두고 '전체적으로 이런 겁니다!'라는 메시지를 상대방에게 주기 위한 표현이 '간단히 말하자면'이다. 전달해야 할 정보량이 많을 때 한꺼번에 다 쏟아 내면 결국 탈이 나고 만다. 그렇게 되지 않도록 큰 틀인 개요만 먼저 드러내서 전하고자 하는 바를 명확히 하고 신뢰성도 획득하는 방법이다.

예를 들면, 나는 내 생일을 도요스(豊洲)에 있는 '라 비스타 도쿄베이'라는 가성비 좋은 리조트 호텔에서 보내고 싶기 때문에 아내의 'OK'가 필요한 상황이다. 다양한 장점이 있는 호텔이라 머릿속에서 떠오르는 대로 말하면, 이렇게 된다.

거기는 교통도 좋고 뷰도 좋은 것 같아. 물론 밥도 잘 나오고. 새로 지은 호텔이니까 실내도 깨끗하게 잘 되어 있을 거야. 아, 그러고 보니 일전에 온천 가고 싶다

했지? 거긴 큰 온천탕도 있더라. 온천을 하고서 연결된 휴게실로 딱 나오면 안마 의자랑 아이스크림도 무료래! 아, 맞다. 조식도 뷔페식이고 정말 맛있다는데 특히 해산물! 연어알도 무한 리필인 거 같더라고….

이렇게 말하면 "뭔 말이 그리 긴지 알아듣지도 못하겠네. 다시 말해 봐요"라는 핀잔을 들을 가능성이 72%쯤 될 거다. (간곡한 마음은 전해질 테니 개인적으로 나쁘진 않지만 말이다.)

그럼 이번에는 간단히 말해보자.

간단히 말하자면, 라 비스타 도쿄베이는 '최고의 아침 식사(연어알 무한 리필)를 포함해서 1인당 1만 2,000엔으로 숙박 가능'한 가성비를 자랑하는 호텔인데 이번 생일을 거기서 보내는 거 어때?

이렇게 말하는 것이다.

아내는 연어알을 정말로 좋아하고 가정 경제를 확실히 챙기는 타입이라 이 두 가지를 중요 포인트로 깔고서 '간단히'지만 확실히 강조했다. 이걸 듣고 솔깃해하는 모습이 보이면 좀 더 자세히 얘기하면 된다.

'간단히'지만 가장 중요한 포인트를 건드린다

여기에서 중요한 점은 '상대방이 중요하게 여길 만한 포인트를 확실하게 공략할 것'이다. 당연한 말이지만, '간단히' 말하면 포함될 정보량은 적어지기 때문이다. 그 적은 정보량 중에서도 '아, 맞아 맞아. 그래서? 더 자세한 건?' 하며 관심을 기울이도록 결정적 포인트를 확실히 잡고 반복할 필요도 있다. 앞서 든 예라면 '연어알 무한 리필'이나 '1인당 1만 2,000엔으로 숙박할 수 있다'는 부분이 결정적 포인트였다.

한편, 결과는 어땠을까? '간단한 개요' 덕분에 무사히 승낙을 받았으니 즐겁게 생일을 보낼 수 있을 것 같다! 이렇게 사적인 대화뿐 아니라 비즈니스에서도 사용할 수 있는 '간단히 말하자면'을 자주 사용하길 바란다.

NG

세일즈에서 중요한 부분은 여러 가지가 있을 겁니다. 물론, 무슨 일이 벌어지든, 어떻게 해서든 사전에 결정된 목표를 달성하겠다는 집념도 중요하겠고요. 그렇다 하더라도 성실함은 당연하고 다른 사람에게 떳떳하지 못한 행동을 해서는 안 될 테고 특히 최근에는 디지털 툴을 활용해서 데이터를 분석할 수 있는가 같은 점도 중요해지는 것 같습니다.

OK

간단히 말씀드리면, 세일즈에서 중요한 것은 '무슨 일이 있더라도 목표를 달성하겠다는 집념'과 '데이터를 활용한 정확한 분석과 전략을 세우는 힘' 이 두 가지입니다.

12

직설 화법

솔직히
말씀드리면

내가 졸업하자마자 입사한 컨설팅 회사의 행동 지침은 'Think Straight, Talk Straight'였다. 바꿔 말하면 '올곧게 생각하고 그것을 주저함 없이 표현한다' 정도 될 것이다. 이 행동 지침이 회사 어디에나 적용된 덕분에 불필요한 커뮤니케이션 비용이 들지 않았다. 한편으론, 업무를 제대로 해내지 못하면 그야말로 강속구 피드백을 받아 내야 했기 때문에 정말로 힘들었다. 여담은 여기까지.

직설 화법은 이런저런 것들에 신경 쓰는 통에 이야기가 뱅글뱅글 맴돌 때 툭 던지면 모든 군더더기는 단숨에 사라지고 다시 거침없고 본질적인 논의에 집중하게 하는 마법의 수식어다.

20대 후배가 "선배님, 하루빨리 팀을 이끌어서 어엿한 간부급이 되고 싶어요. 어떻게 하면 좋을까요?"라며 상담을 청해 왔다고 하자.

직설 화법이 아닌 경우, 보통 이런 정도의 어드바이스가 나간다.

그렇겠지. 확실히 팀을 잘 이끌어 성과를 내는 게 간부급으로 진출하는 지름길일 거야. 그런 마음을 지금부터 갖고 있다는 게 정말 대단하군. 그러려면 커뮤니케이션을 확실히 한다거나 주변 사람의 이야기를 잘 듣고 참고한다거나 데이터를 기반으로 성과를 내기 위한 전략을 세운다거나 하는 그런 것들이 필요하지 않을까?

이번에는 곧장 들어가 보자.

솔직히 말해서, 우선은 자신의 힘으로 성과를 내는 데 집중해야 하지 않을까? 리더란 게 말이야, 되고 싶다 해서 되는 게 아니라 주변으로부터 신뢰를 받고 사람을 끌어당기는 사람이라야 될 수 있는 것이니까. '이 사람이라면 함께 일하고 싶다'고 주변에서 진정으로 그렇게 여길 수 있는 결과를 내는 것이 가장 중요하다고 생각해.

이렇게 '돌격 앞으로'의 느낌이랄까.

분위기를 살피고 또 살핀 뒤에 '솔직히 말한다'

직설적인 분위기가 강한 외국계 컨설팅 회사에서 일한다면 이런 직설화법도 크게 문제되지 않겠지만 그렇지 않다면 이후의 관계가 다소 어색해질 수 있으니 주의가 필요하다. 이렇게 날카롭게 파고드는 말에 익숙하지 않은 사람은 '맞는 말이긴 하지만 언짢아!' 하며 기분 나빠할 수 있기 때문이다. 한편, 솔직하게 한답시고 TPO 못 챙기고 언제나 툭 까놓고 말하는 사람도 주변의 눈총을 받다가 차츰 소외될 수 있으니 이 역시 주의가 필요하다.

완곡히 말했더니 잘 알아듣지 못하는 경우, 아니면 솔직히 말한 뒤에 충분히 뒷감당할 자신이 있는 경우라면 직설 화법이 문제없겠으나 남용하면 인간관계에 균열이 생기기 쉬우니 '정말로 써도 괜찮은가?'라고 충분히 자문자답한 뒤에 사용해야 한다.

NG

팝업스토어를 내서 직접 고객과 커뮤니케이션 한다
는 아이디어 자체는 그리 나쁘지 않은 것 같습니다
만 우리 서비스는 제법 가격이 높기도 하고 딱 봤을
때 눈에 확 띄는 것도 아니라 여차하면 예상했던 만
큼 효과가 나오지 않을지도 모른다는 생각이 듭니다.

OK

솔직히 말씀드려서, 팝업스토어를 내는 것에 반대합니다. 거기에 지출하는 비용을 디지털 마케팅에 할애해야 한다고 생각합니다.

13

쿠션 마무리

~라고 저는 생각하는데,
어떠십니까?

방금 했던 '직설 화법'과 대척점에
있는 표현이 '쿠션 마무리'다. 직설 화법 같은 정공법을 쓴 뒤
에 쿠션 마무리로 정리하면 '이야~, 이 사람 설명은 진짜 알아
듣기 쉽네'라는 반응을 제대로 얻을 수 있다.

아무리 쉬운 논리라도 너무 공격적이어서 상대방이 '헉!'
할 정도라면 귀와 마음을 자동으로 꽁꽁 닫아 걸고는 '이 사람
설명, 뭐라는지 도통 모르겠네!' 하고 반응하게 된다. 이렇게
되면 이해고 설득이고 물 건너가지 않겠는가. 이를 예방하기
위해 쿠션 마무리 '~라고 저는 생각하는데 어떠신가요?'를 사
용하자.

다소 직설적인 의견 표명을 하고 난 뒤, '이건 어디까지나
저의 의견에 불과합니다, 당신의 의견도 듣고 싶군요' 하며
'쿠션 마무리'로 끝내면 설득력도 커지면서 호감도까지 상승
하게 된다.

글로벌 경기가 나빠질 것이 거의 확실시 되는 현재, 앞
으로의 매출이 안정될 거라 생각할 수 없습니다. 이런
상황에 적극적으로 신규 채용을 한다는 건 확실히 잘못
됐습니다. 매출 상승 예측이 불투명한데 고정비용을 늘
려서 어떡하시려고요?

어떤가? 말하는 내용에 대한 찬반은 일단 제쳐 두고, 솔직
히 말해 그다지 수용하고 싶지 않은 기분이 든다. 어쩐지 바보
취급당했다는 생각까지 들어서 '당신의 의견은 알겠지만 받
아들이고 싶지는 않아' 하는 생각이 드는 것이다. 이렇게 되지
않도록 쿠션 마무리를 사용해 보자.

여러 가지 지표로 보건대 앞으로의 세계는 경기 후퇴가
일어날 것 같습니다. 새로 직원들을 채용해서 매출을
쭉 끌어올리고 싶은 마음은 이해되나 지금은 고정비용
을 늘리지 않는 편이 좋지 않을까 생각합니다만, 어떠
십니까?

말하는 내용은 바뀌지 않았지만 후자가 받아들이기에 훨씬

부드럽다. 비록 위에서 내려다보는 것 같은 다소 거만한 느낌이 없진 않지만 '이 사람과는 대화가 통하겠구나' 하는 인상은 줄 수 있기 때문이다.

마음 약한 사람보다 평소 직설적인 사람에게 유용

그런데 귀가 얇아서 자신도 모르게 다른 사람의 의견에 쉽게 휩쓸리거나 마음이 약한 사람은 이 표현을 사용하지 않는 편이 나을 수도 있다. 섬세함이 부족하고 하고 싶은 말이 있으면 주변 상황이나 분위기를 살피지 않고 해버리는 사람이 이 표현을 사용하면 '오, 가끔은 상대를 배려할 줄도 아네!'라고 생각할 테니 많이 써야겠지만 평소 분위기를 많이 살피는 사람이 이 표현을 쓰면 더욱 저자세가 될 테니 쓰지 않는 게 좋겠다는 뜻이다. 분위기를 잘 읽지 못하는 사람, 평소 직설적인 사람에게 권한다.

NG

부장님, 코로나 환자 수가 우상향으로 늘고 있는 이 때, 주 4일 출근은 말이 안 됩니다. 주 1회 출근, 주 4회 재택근무로 해야 하지 않겠습니까?

OK

부장님, 코로나 환자 수가 상당한 속도로 증가하고 있고 불안해하는 사람도 많으니 일단은 주 1회 출근으로 하는 게 좋지 않을까 생각하는데, 어떠세요?

14

본질로 돌아가서

원래

이 '원래'는 정말로 쓰임새가 많아서 나도 자주 사용한다. 회사 메신저 대화 내용 검색창에 '원래'를 넣어 봤더니 70% 이상이 내가 쓴 것들이었다.

나는 '원래=본질로 돌아가기'라고 정의한다. 대화를 나누다 보면 표면상으로는 활발하게 의견 교환이 되는 것 같지만 뭔지 모르게 헛도는 것 같을 때가 있다. 바로 그럴 때 '원래'를 사용하면 사물의 본질을 다시 살펴볼 수 있다.

내가 일하는 회사는 '투명 마우스피스 교정'이라는 서비스를 제공하고 있다. 물론 우리 말고도 교정 서비스를 제공하는 회사는 존재한다. 이른바 '경쟁사' 말이다. 우리 회사 내부에서도 '경쟁사인 A사가 하고 있는 서비스를 우리도 빨리 시작하자'라는 의견이 자주 나온다. 확실히, 경쟁사 모두가 하는데 우리만 안 하고 있으니 우리도 얼른 하는 게 낫지 않을까 하는 마음이 들기도 한다. 그러나 한편으로는 '누군가 하고 있으니까 우리도 하자'라는 논리로 갑자기 시작해도 괜찮은 걸까, 솔직히 지금은 자신이 없기도 하고… 라는 마음도 있다. 이럴 때야말로 본질로 돌아가는 표현인 '원래'가 나올 시간이다.

> 원래 말이야, 경쟁사가 하고 있으니까 우리도 한다는 게 맞는 걸까? 고객이 본질적으로 원하는 바를 명확히 하고 그걸 우리가 제공할 수 있는가 하는 관점에서 생각하는 쪽이 올바른 거 아냐?

이렇게 말이다. 멋지지 않은가.

'빙글빙글 자문자답 모드'가 됐을 때도 추천

앞에서 말했듯이 논의가 어쩐지 제대로 진행되지 않는다 싶을 때 꺼내면 효과 만점이고, 자기 자신이 평소와 다르게 주저하고 갈팡질팡하느라 개운한 마음이 들지 않을 때도 사용하면 좋다. 고민이 고민을 부르고 기분이 계속 가라앉으면서 밤에 잠도 안 올 때 '원래'를 꺼내 본질로 돌아가면 말끔히 해결

되기도 한다.

나도 사장이라는 책임이 무거운 위치에 앉아 있다 보니 '어, 이건 위험한데, 어떡하지?', '그렇지만 약해 빠진 소리를 할 수는 없고…', '그래도 위험하긴 해, 이를 어쩐다?' 하며 고민이 빙글빙글 무한궤도를 돌 때가 정기적으로 온다. 이렇게 생각이 머릿속에서 빙빙 돌아도 해결되는 것은 아무것도 없고 신경만 계속 소모된다.

이럴 때는 노트에다가 지금 생각하고 있는 것을 하나도 빠짐없이 적은 다음 '원래 이것이 정말로 고민해야 할 포인트일까?', '원래 내가 이 사업을 통해 실현하고 싶었던 게 뭐였지?' 하며 본질로 돌아가 생각하다 보면 어느새 고민에서 벗어나 있다.

빙글빙글 자문자답 모드에 빠졌다면 '설명의 기술을 폭발적으로 끌어올릴 수 있는 절호의 기회가 왔다'고 생각하고 한 걸음 한 걸음 본질로 돌아가 보자.

NG

지금보다 성장 속도를 높이기 위해서는 조금 더 속
도감 있게 인재를 채용하고 새로운 매장을 점점 늘
려 나갈 필요가 있습니다!

OK

물론 매출 달성이 중요하긴 하지만 원래 우리가 이
사회에 어떤 임팩트를 주기 위해 모였는지 그 점을
명확하게 하고 나서 숫자 이야기를 해야 하지 않겠
습니까?

15

단순화

이해하기 쉽게
말하자면

대학을 다닐 때도, 컨설턴트로 일할 때도 나는 '다들 어째서 이렇게 어렵게 말하지?' 하며 곤혹스러워하곤 했다. 이렇게 느낀 가장 큰 원인은 나의 공부가 부족했기 때문이므로 어디서 크게 말은 못 하지만 이것 말고 다른 이유를 꼽는다면 '말하는 사람의 배려심 부족'도 있는 것 같다.

전문적인 이야기를 할 때 '이 정도는 알고 있겠지' 하며 계속 말하면 듣는 사람은 마치 꾸어다 놓은 보릿자루처럼 되어 버린다. 물론 '10이 4묶음 있으면 40입니다' 같은 수준의 설명은 듣는 사람이 초등학생이 아닌 한 자세히 추가할 필요는 없지만 보통의 비즈니스 대화에서도 상대방과 자신이 가진 정보에는 차이가 있으므로 언제나 확인하고 조정해 나가는 습관을 들여야 한다.

이처럼 상대방과의 이해도를 조정하는 데 큰 역할을 하는 것이 '단순화' 패턴이다. '좀 어려운 이야기였나?', '내 얘길 들는 이 사람 얼굴에 물음표가 뜨는구나' 하고 느꼈다면 반드시 '이해하기 쉽게 말하자면'을 꺼내자. 그러면 '이해하기 쉽게 다시 설명해 준다고?!' 하면서 듣는 사람의 눈에는 광채가 돌아오고 얼굴은 나를 향하며 지금까지 멍했던 표정은 싹 사라진다.

예를 들어, 컨설팅 회사의 사업 내용을 학생들에게 설명할 때 이렇게 말한다고 해보자.

클라이언트인 기업을 위해 전략 책정과 그 실행 지원을 통해 실적 향상에 기여하는 업무입니다.

내 장담하건대 학생들 대부분 '… 뭐래?' 하는 표정이 될 것이다. '전략 책정', '실행 지원', '실적 향상'이란 말은 익숙한 말도 아니고 구체적인 이미지도 떠오르지 않기 때문이다. 따라서 '아, 지금 이 학생들이 잘 모르겠다는 표정을 짓고 있구나!' 싶은 지금이 '단순화'가 나설 차례다.

이해하기 쉽게 말하면, 기업을 진료하는 의사 같은 일입니다. 어떤 증상이 나타나고 있는가, 그것은 평소 어떤 생활 습관 때문인가, 치료하려면 어떤 약이 필요하

며 고쳐야 할 생활 습관은 무엇일까, 이런 것들을 해당
환자에게 딱 맞게 정해서 건강을 회복하게 돕는 일을
의사가 하지요? 이런 일을 기업에 하는 것입니다.

이렇게 말하면 누구나 '그렇구나!' 하고 알아듣는다.

'단순화'와 '구체 사례'는 한 세트

단순화는 듣는 사람의 흥미와 관심을 단번에 내 쪽으로 끌
어당길 수 있는 강력한 표현이지만 정확성은 부족해질 수밖에
없다는 한계가 존재한다. 앞에서 컨설팅 업무를 병원 의사가
하는 일에 빗댔는데 이렇게 하면 실제로 어떤 일을 하는가는
전달되지 않는다. 이 부분을 보충하기 위해 나는 '단순화' 뒤
에 '구체 사례 제시'를 한 세트처럼 사용한다.

앞 사례로 다시 보면, 단순화를 한 뒤에 '구체적인 컨설턴트
업무라 하면…'을 곧바로 이어 말해서 학생들의 이해를 돕고
정확한 정보를 주면 학생들은 '이 강사님, 설명 참 잘하시네!'
하지 않을까? 꼭 사용해 보길 바란다.

NG

신규 매장을 찾는 방문객 수는 나쁘지 않은데 거기에서 컨버전이 다소 아쉬운 상황입니다.

OK

신규 매장을 찾는 방문객 수는 나쁘지 않은데 거기에서 컨버전이 별로 좋지 않다는 게 매출 하락의 원인입니다. 이해하기 쉽게 말씀드리면, 고객이 관심이 있어서 매장을 찾아오긴 하지만 '사자!'라는 욕구로 전환되지 못해 그냥 매장을 나가는 경우가 대부분이라는 것입니다.

16

환언

바꿔
말하면

이해하기 어려운 표현을 한 뒤에 다시 설명할 때나 상대방이 한 질문에 긍정하면서 이해도를 한층 높이고자 할 때 쓸 수 있는 것이 '환언'이다. 상대방이 이해하지 못했거나 불안한 표정을 짓고 있을 때 사용하면 즉효다.

우리 회사는, 투명해서 눈에 덜 띄고 안전하게 치열을 가지런히 할 수 있는 투명 마우스피스 교정 서비스를 제공하는데 "마우스피스는 언제 끼나요? 밤에만 끼나요?"라는 질문을 자주 받는다. 그에 대한 대답에 나는 이렇게 환언을 사용한다.

질문해 주셔서 감사합니다! 마우스피스의 필요 장착 시간은 약 20시간으로, 바꿔 말하면 '식사 및 양치 시간 이외에는 끼고 있어야 한다'고 기억해 주시면 되겠습니다. 맨 처음에는 당연히 이물감이 느껴지겠지만 시간이 지나면 자신의 신체 일부처럼 익숙해질 테니 걱정하지 않으셔도 됩니다!

한편 환언을 쓰지 않고 설명하면 좀 번거롭게 느껴진다.

잘 때뿐만이 아니라 낮에도 끼고 계셔야 합니다. 교정
을 원활하게 진행하기 위한 필요 장착 시간은 20시간
이기 때문에 취침 시간만으로는 부족해서 낮에도 기본
적으로는 계속 끼고 있길 권합니다.

환언 없이 '필요 장착 시간이 20시간'이라는 설명으로 끝
내면 듣는 고객은 '그렇다면 언제 뺄까?'를 생각하게 되고 그
래서 다시 질문을 하면 그에 대한 대답을 또다시 하는, 질문과
답변 랠리가 이어져 고객도 스트레스를 받게 된다. 대화를 한
번에 부드럽게 마치는 데도 환언은 매우 효과적이다.

부정적인 표현을 단번에 확 바꾸고 싶을 때도 발군의 효과

환언에는 '이해하기 쉽게 돕기'뿐 아니라 '부정적인 것을

긍정적으로 변환'하는 효과도 있다. 앞에서 사용한 예를 이어서 보면, "예? 그렇게 오래 끼고 있어야 한다고요?! 그거 좀… 불편하겠네"라는 반응을 들을 때도 있다. 그럴 때 "확실히 식사와 양치할 때 말고는 계속 끼고 있어야 하는 게 큰일이긴 합니다"라고 일단은 동의하고 나서 다음과 같이 방향 전환을 이끌 수 있다.

> 그러나 바꿔 말하면, 간식을 덜 먹게 되거나 청량음료를 피하게 되기 때문에 다이어트와 건강에는 긍정적이지요.

이처럼 부정적인 방향으로 의견이 쏠릴 것 같을 때 환언을 사용하면 긍정적으로 전환할 수 있다는 것도 활용 포인트다.

상대방이 약간 불안해 보이고 이해가 잘 안 된 것 같은 표정을 지을 때, 의도치 않게 이야기가 부정적인 방향으로 갈 것 같을 때는 꼭 '바꿔 말하면'을 꺼내 상대방을 내 쪽으로 확 돌려세우자.

저희 회사의 서비스는 '계약서 확인에 걸리는 시간을 약 3분의 1까지 줄일 수 있으며, 매월 20만 엔 정도의 사용료를 받고 있습니다.

OK

저희 회사의 서비스는 매월 20만 엔으로 계약서 확인에 걸리는 시간을 3분의 1까지 줄일 수 있는 있습니다. 바꿔 말하면, '20만 엔으로 5명의 풀타임 직원의 퍼포먼스를 발휘할 수 있는 시스템'이지요.

17

이전 회의 간단 소환

지난번을
되짚어 보면

단번에 회의 MC 자리를 손에 넣을 수 있는 마법의 패턴, 이것이 '이전 회의 간단 소환'이다.

매일같이 바쁜 당신이 진짜로 공감하는 것 중 하나가 바로 '지난주에 했던 회의 내용 같은 거 기억나지 않아!'일 것이다. 그렇다고 손을 들고 '죄송합니다만, 저… 지난번 회의 내용이 잘 기억 안 나는데 말이지요…'라고 발언할 수 있을까? 엄청난 용기가 필요한 일이다.

그럴 때 누군가가 '지난번 회의를 되짚어 보면'이라면서 씩씩하게 이전 회의의 내용을 간단히 정리해 주면 그야말로 히어로가 아닌가. 그 주인공이 당신이 되면 어떨까?

'이전 회의 간단 소환'이 없는 경우, 누군가의 말이 시작되고 그것에 어떻게든 대응해 보려고 기억을 짜내며 허둥지둥하지만 시간만 째깍째깍 흐른다.

A : 오늘은 K 부장님의 송별회에 쓸 영상에 관한 것을 정해야 하는데요….

B : 아, 그런… 가요? 그런데 원래 송별회를 어디서 하기로 했었더라? 근데 날짜가… 언제… 였었지?

A : 그때 장소는 어딘가로 정하긴 했던 것 같은데, 맞다. B가 정해서 알려 주겠다 그런 비슷한 얘기가 있지 않았던… 가… 요?

혼돈의 카오스다. 이래서는 다음 단계로 전혀 진행할 수 없다. K 부장의 송별회, 할 수 있기는 할까?

'이건 당연한 거 아닐까?'라며 넘겨 버리지 말고 차분히 정리해 보자.

이쯤에서 '이전 회의 간단 소환'을 사용해 보자.

A : 지난번 회의를 되짚어 보면, K 부장님의 송별회 일정은 4월 7일 금요일, 벌벅코아 토라노몬점에서 18시 시작, 참석 인원은 10명, 여기까지 정했습니다. 그리고 그때 오늘 날짜로 다시 회의를 잡으면서 영상에 관한

아이디어를 각자 갖고 와서 의논한다, 라고 했는데 착
오 없으시지요?

이처럼 지난번 내용을 한번에 돌아볼 수 있으면 회의에 참
석한 사람들은 모두 안심한다. 전부를 기억하고 있는 사람은
거의 없어서 뭐 하나는 빠뜨리곤 하니 말이다. 이런 부분까지
빠짐없이 해결해 준 A는 그야말로 은인이 따로 없다.

한편, '이전 회의 간단 소환'을 할 때 '이렇게 당연한 것까지
다시 얘기할 필요가 있을까?' 하며 고민하는 사람도 있을 것이
다. 그런 마음 충분히 이해되나 당연한 것일지라도 누구든지
까먹을 수 있고 그것을 기억나게 해주는 존재는 정말로 고마
운 사람이지 않겠는가.

추가로, 구두로만 할 게 아니라 자료로 정리해서 회의 전에
참가자들에게 이메일 등으로 배포해 두면 혹시라도 깜빡했다
거나 서로 잘못 알고 있는 부분을 미리 체크할 수 있어서 더
큰 감사를 받을 것이다. 회의를 마친 뒤에는 간단하게라도 자
료로 정리하는 습관을 들이면 유용하다.

NG

이번 미팅에서는 신규 출점 장소를 결정하는 데까지

하면 되는 거였… 죠?

OK

지난번 미팅을 되짚어 보면, 기존 매장의 매출과 이익의 추이를 분석하고 신규 출점을 위한 3가지 중요 사항을 결정했습니다. 그에 따라 한 사람당 3곳의 신규 출점 임차인 후보를 선별했으니 이번 미팅에서 한 곳으로 결정하고 구체적인 출점 스케줄을 세우는 데까지 진행하려 합니다.

18

현재 상태 클리어링

우선 현재 상황을
정리해 보면

이야기가 이쪽으로 갔다 저쪽으로 갔다 하다가 급기야 '아이고, 이제는 수습도 안 되겠어!'가 되었을 때 대활약할 패턴이 '현재 상태 클리어링'이다. 왜 수습이 되지 않는가 하면, 참가자 모두가 말하고 싶은 포인트가 어긋나 있기 때문이다. 어떤 사람은 문제를 구체화하고 싶어 하고 어떤 사람은 해결책을 제안하며 또 어떤 사람은 왜 이런 일이 일어났는지 원인을 따져 보고 싶어 하니 이야기가 헛도는 건 당연지사다.

이럴 때 '우선 현재 상황을 정리해 봅시다'라며 야단법석을 잠재울 수 있으면 무리하지 않고도 '문제 해결 프로세스'인 '현재 상황 정리 → 문제점 파고들기 → 해결책 제안'의 흐름으로 유도할 수 있다.

A : 경쟁 기업은 매력적인 웹 기사를 써서 검색 상위에

랭크되고 덕분에 마케팅 비용까지 줄여 매출을 높
이고 있다 하니, 우리도 조금씩 우리만의 콘텐츠를
만들어 봅시다!

B : 아니, 그전에 우리 매출이 왜 떨어지고 있는지 원인
을 확실히 파악하는 데부터 시작해야 하지 않을까
요? 리서치 회사에 의뢰해서 시장조사를 해보고 싶
은데….

C : 아니 아니, 그게 문제가 아니라…. (이하 생략)

이런 식이면 결국 다음엔 무엇을 할지 정하지 못하고 '일단
각자 다시 생각해서 다음 주에 모입시다'가 되고 만다. 솔직히
말해, 이런 회의, 꽤 많을 것이다.

모두가 납득할 수 있는 객관적 정보를 중심으로

이런 식으로 의견이 뒤얽혀 있을 때 현재 상태 클리어링을
실시해 보자.

D : 우선 현재 상황을 정리해 보면, 여러분이 이미 알고 있듯이 매출은 전년도 대비 20% 감소했습니다. 그런데 실상은, 상품 A의 매출이 50% 떨어졌고 다른 상품은 현상 유지 혹은 약간 증가한 상황입니다. 따라서 먼저 상품 A의 매출이 왜 이렇게까지 떨어졌는지 이유를 함께 분석하고 그런 다음에 해결책에 관한 의견을 나누는 순서로 진행하면 어떨까요?

사공이 많아 산으로 갈 뻔했던 배를 붙잡아 '우선은 상품 A에 어떤 문제가 있는지, 그것을 어떻게 해결해야 할 것인지'라는 방향으로 모두의 의식을 집중시켰다. 이렇게 하면 '회의랍시고 모이면 결론 없이 빙글빙글 돌기나 하고 뭐 하나 진행되는 게 없어!'라는 불만은 사라질 것이다. 또한 현재 상황 정리를 할 때 D의 발언처럼 될 수 있으면 구체적, 객관적인 정보를 기반으로 정리하자. 변죽만 울리다 회의에 찬물을 끼얹고 일어서는 일 없이 순조롭게 진행될 테니 말이다.

부디 구체적이고 객관적인 정보를 바탕으로 '우선 현재 상황을 정리하자면'을 활용해 어수선한 위기를 돌파하길 바란다.

지난달 매출에 대해 말씀드리자면, 플래그십 스토어인 시부야점 점장으로부터 매장을 찾는 고객의 방문이 크게 줄었다는 내용의 보고를 받았고 오사카점에서는 객단가가 갑자기 떨어지고 있다는 정보가 들어왔습니다. 마케팅 본부에서는, 특히 크게 변화한 수치는 없고 크게 떨어진 요인이 있다고 한다면 각 지점에서 뭔가 이상한 일이 일어나고 있는 게 아니겠느냐고 했습니다. 다른 지점에서는 고객이 늘었다고 보고한 곳도 있습니다.

우선 현재 상황을 정리해 보면, 고객의 수 자체는 변하지 않았지만 계약체결단가가 상당히 떨어졌습니다. 특히 오사카점은 현저하게 그런 경향이 나타나는데 안이한 가격 인하가 벌어지고 있을 가능성이 있어 보입니다.

19

테마 + 구체화

오늘의 테마는 ○○이고, 생각해 주실 것은 △와 □, 2가지입니다

생각해야 할 범위가 말도 안 되게 넓거나 용어의 정의가 애매해서 의논이 하염없이 계속될 것 같은데도 계속 의논을 해야 할 때가 있다. 이런 상황인데 평소하듯 그냥 시작하면 참가자들도 생각이 떠오르는 대로 말해서 결국은 중구난방 회의가 되기도 하고 본인이 무엇에 대해 말하고 있었는지조차 잊어버리는 일도 생긴다.

이렇게 되지 않으면서 모두의 의식을 집중시킬 때 사용할 수 있는 것이 '테마＋구체화'이다. 예를 들면, 바야흐로 내가 이 책으로 여러분에게 강의할 기회가 생겼다고 하자. 솔직히 말해, '설명의 기술'이란 것은 매우 넓은 개념이고 여러분 각자 다른 사고방식, 문제점을 갖고 있을 것이다. 그러니 어떻게 강의를 전개해 나갈까 하며 꽤 고민할 터인데, 바로 그럴 때 이 '테마＋구체화'를 사용할 수 있다.

오늘의 테마는 '설명의 기술을 1시간 만에 끌어올리기 위한 5가지 표현'이고 여러분이 생각해 주실 것은 '나에게 과연 어떤 게 가장 쓸모 있을까?'와 '내일 이러저러한 타이밍에 실제로 사용해 보자'라는 결심, 이 2가지입니다. 이것만 실천해 주시면 단언컨대 여러분의 귀중한 시간을 낭비하지 않게 될 것입니다.

강의를 이렇게 시작하면 단순히 '설명의 기술에 대해서 말씀드리겠습니다' 하고 시작하는 것보다 모두의 이목을 확 끌어당길 수 있다. 이 말을 들은 참석자들도 '아, 지금부터 1시간 동안에 5가지 표현에 대해 설명해 주겠구나', '그런데 듣고만 끝내는 게 아니라 한 가지라도 나한테 쓸모 있을 만한 걸 고르고 그걸 내일 어딘가에서 써 보겠다고 다짐한다… 이렇게 하면 된다 이거지?' 하며 적극적인 자세가 된다.

테마도 생각하고 2가지도 철저하게 '구체적'으로!

'오늘은 이것을 말씀드리겠습니다'라는 테마를 제시하고

추가로 '당신 입장에서 이것과 이것, 2가지를 생각해 주십시오!'라는 부탁을 하면 듣는 사람은 강한 집중력을 보인다. 덧붙여 이 집중력을 더욱 높이기 위해 '철저하게 구체적일 것'을 꼭 기억하자.

앞의 사례에서 테마는 '설명의 기술을 1시간 만에 끌어올리기 위한 5가지 표현'이었고 '1시간', '5가지'라는 2개의 구체적인 단어가 쓰였다. 사람은 이해하기 어려운 추상적인 정보는 자기도 모르게 회피하지만 반대로 구체적이면 구체적일수록 '어, 재미있겠네!', '뭔가 도움이 될지도 모르겠어!' 하면서 무의식적으로 관심이 쏠리게 되어 있다.

추상적인 테마로 진행해야 할 때야말로 이 '테마 + 구체화'는 대활약을 할 것이다. '조금 이해하기 어려운 얘기를 해야 하는구나, 어떤 식으로 할까?' 고민될 때는 잊지 말고 꼭 사용해 보길 바란다.

NG

오늘은 '책 집필하기'에 관한 얘기를 할 건데요, 내 책을 낸다는 게 정말 쉽지는 않은 일이죠.

OK

오늘의 테마는 '평범한 회사원이 상업 출판을 하기 위해 오늘부터 할 수 있는 것 3가지'에 관해 말씀드리려 합니다. 여러분이 생각해 주셔야 할 것은 '왜 나는 출판을 하고 싶은 걸까?'라는 애초부터 갖고 있던 동기와 '꼭 전하고 싶은 내용은 무엇일까?'라는 자기 마음속에서 끓어오르는 생각, 이 2가지입니다.

20

양면 내보이기

크게 나눠서
2가지 측면이 있습니다

'엇, 이건 대답하기 까다롭겠는데…?' 싶은 질문인데도 대답해야만 했던 때가 당신에게도 있었을 것이다. 그냥 내 생각을 가감 없이 대답하면 되지 않을까 싶다가도 문득 그렇게 했다가는 모난 돌이 정 맞는다고 오해를 살 것 같은 그런 질문 말이다. '일부러 골탕을 먹이려고 그러나?' 하는 생각까지 확 드는 이런 질문, 어떻게 대답하는 것이 좋을까?

이럴 때 다른 사람을 불필요하게 자극하지 않고 대답하는 표현이 '양면 내보이기'다. 예를 들면, "트위터를 사용하는 경영자를 어떻게 생각합니까? 그럴 시간이 있으면 자기 업무에 더 충실해야 하는 거 아닌가요?" 같은 질문을 받았다고 하자. 역시 듣자마자 대답하기 곤란하다. 이럴 때 "네, 그렇지요? 저도 그렇게 생각해요! 좀 어리석은 것 같아요!"라고 대답하면 많은 사람을 적으로 만들 것 같고 그렇다고 질문자 면전에서 아니라고 했다가는 분위기가 싸해질 테니 이것도 좋지 않다. 이럴 때, 일단은 받아들이면서 '양면 내보이기'를 해보자.

> 그렇군요. 거기에는 크게 나눠서 2가지 측면이 있다고 생각합니다. 말씀하셨던 것처럼 트위터로 별 의미 없는 정보를 계속 내보내며 일을 하지 않는 것은 경영자로서 확실히 바람직하지 않은 행동이지요. 그런데 다른 측면에서 보면 경영자가 적극적으로 자기 회사에 관한 정보를 내보내서 자사 이미지와 제품이 폭넓게 알려지는 계기도 되기 때문에 긍정적으로 작용하기도 한다고 생각합니다.

굳이 '한쪽 입장에 서지 않는다'

이 '양면 내보이기'는 '대답하기 곤란한 질문을 받았을 때 스마트하면서도 타인을 자극하지 않으며 대답한다'는 목적을 위해 사용하는 것이다. 그러므로 '아니, 저는 그렇게 생각하지 않습니다!'라며 강렬한 입장을 내보일 필요가 없다. 그건 그래야 할 다른 타이밍에서 하면 되고 이번 표현의 목적은 그게 아님을 꼭 기억하자.

정리하자면, 양면이라 했으니 한쪽으로는 '확실히 그러한 측면이 있군요, 당신이 말씀하시는 대로입니다'라며 부드럽게 동의하면서 다른 한쪽으로는 '그렇지만 이러한 생각도 있을 수 있답니다'라며 두 시각을 선명하게 드러내는 것이다. 이렇게 해서 양쪽 진영으로부터 '하하! 이 사람, 뭐 좀 아는 사람이네!'라 여겨져서, 혹시 그 뒤에 어떤 입장을 취해야 하는 본격적인 논의가 이어질지라도 생산적인 대화를 나눌 확률이 높아진다.

'양면 내보이기'는 대답하기 곤란한 질문을 받았을 때 사용하는 방법으로, 포인트는 굳이 하나의 입장을 취하지 않는 것이다. 이 점을 기억해 두면 대답하기 불편한 질문에도 막힘없이 대답할 수 있을 것이다.

NG

("일본 대기업에서 일하려는 게 이제는 시대에 뒤떨어진 것이겠네요?"라는 질문에 대해서)

아핫! 진짜 무슨 말인지 알겠어요. 이런, 제가 한 방 먹었군요.

OK

("일본 대기업에서 일하려는 게 이제는 시대에 뒤떨어진 것이겠네요?"라는 질문에 대해서)

질문 감사합니다. 이에 관해 크게 2가지 측면에서 말씀드리고 싶습니다. 하나는, 말씀하신 대로 '일본의 대기업에서 일하면 인생 탄탄'이라는 생각이 더 이상 통용되지 않게 된 이유, 다른 하나는, '그렇지만 일부러라도 일본 대기업에서 일하는 쪽'을 선택해야 하는 경우에 관해서입니다.

21

5가지 항목

이번에 말씀드릴 것은
모두 5가지입니다

조금 긴 이야기를 해야 할 때는 어떤 식으로 말해야 제대로 전달될지 고민하게 된다. 일단 시작했더라도 이야기가 길어지다 보면 말하는 사람도 '내가 무슨 얘기를 하고 있었더라?' 하며 중간에 길을 잃을 때도 있다. 이렇게 되면 당연한 말이지만 듣는 사람도 이해하기 무척 힘들어진다.

이런 궤도 이탈을 방지하기 위해 듣는 사람이 '아, 이번에는 이걸 말하고 싶은 게로구나' 하고 알아듣게 하는 표현이 '5가지 항목'이다.

예를 들면, 최근 들어 많은 사람들이 관심을 보이는 '이직'에 대해서 이야기할 기회가 생겼다고 하자. 이직에 대해 1시간 동안 이야기합시다!'라고 했을 때, '5가지 항목'을 설정하지 않고 말하면 80% 이상 이야기가 탈선한다. 아무 계획 없이 이야기하면 자신이 젊었을 때 저질렀던 바보 같은 실패담, 상사나 선배에게 호되게 혼난 에피소드 그리고 잡담만으로 1시간을 다 써 버리는 일도 흔하다. 이렇게 되지 않도록 5가지 항목을 사용해 보자.

오늘은 이직에 대해서 말씀드리려 하는데요. 이 시간에 말씀드리고 싶은 것은 다음과 같은 5가지입니다. 첫째는 최근 10년간 경력직 채용 수요 트렌드에 대해서이고, 둘째는 그중에서도 특히 몸값이 높다 하는 경력직 인재의 특징, 셋째는 그런 인재가 되기 위해 평소 하는 업무에서 신경 쓸 것, 넷째는 이직을 통한 경력 관리를 위해 내일부터 할 수 있는 것, 다섯째는 추천할 만한 채용 에이전시 소개입니다. 이 5개의 포인트를 통해 이직에 관한 전방위적인 이해를 돕고 당장 내일부터 구체적인 액션을 시작할 수 있게 되기를 바랍니다.

이야기를 처음부터 5가지 항목으로 시작하면 이야기가 산으로 가지 않고 이해하기도 쉬운 설명을 할 수 있을 것이다.

5가지 항목은 이야기의 구성에 따라 3가지나 4가지 항목으로 해도 된다. 20~30분으로 끝나는 이야기라면 3개나 4개가 충분할 것이다. 반대로 "6개나 7개, 8개로 늘려도 됩니까?"라는 질문도 있을 텐데, 이것은 기본적으로 반대한다. 너무 많으면 듣는 사람의 집중력이 떨어질 테고 말하는 사람도 지친다. 그런데 아무리 해도 7개나 8개가 될 것 같다면 '이 중에서 합칠 건 없을까?' 하고 살펴서 5개 정도로 조정하자.

당신이 지금까지 이야기가 길다, 장황하고 횡설수설한다, 뭘 말하려는지 알 수 없다는 말을 자주 들었다면 꼭 '이번에 말씀드리고 싶은 것은 모두 5가지입니다'라는 5가지 항목을 사용해 보길 바란다. 장담컨대 단번에 알아듣기 쉽게 전달될 것이다.

상대방도 어디를 집중해서 들어야 할지 금세 알 수 있으므로 메모할 확률도 높아진다. 긴 이야기를 할 때는 필수라고 해도 과언이 아닌 표현법이다. 아끼지 말고 사용하자.

NG

신랑과의 만남은 지금으로부터 5년 전으로 거슬러

올라갑니다.

OK

신랑에 관해 말씀드리고 싶은 것은 전부 5가지입니다. 오래된 친구들은 이미 아는 에피소드도 있을 텐데요, 부디 함께 들어 주시면 감사하겠습니다.

22

일점 격파

오늘은 ○○에 대해서만
말씀드리겠습니다

앞서 말한 '5가지 항목'은 조금 긴 이야기를 해야 할 때 길을 잃지 않게 하는 표현이다. 그런데 그렇게 긴 이야기를 혼자서 할 기회는 그리 많지 않다. 특히 최근에는 하염없이 길어지는 미팅을 싫어하는 경향도 있어서 주로 30분 정도의 미팅이 많은데 그럴 때 혼자서 말하는 시간은 5~15분 정도가 될 것이다.

짧은 미팅에서 자신이 전하고 싶은 말을 명확하게 전달하기 위한 표현으로 자주 그리고 쉽게 쓸 수 있는 것이 '일점 격파'다. '오늘은 ○○에 대해서만 말씀드리겠습니다'로 시작하면 논의의 포커스가 단숨에 그쪽으로 정해진다. 덕분에 한정된 시간 안에서 밀도 높은 의논을 하고 의사 결정으로까지 이어진다.

앞의 '5가지 항목'처럼 이번에도 '이직'에 관해 친구가 조언을 요청했다고 해보자. 안타깝게도 서로 시간이 맞지 않아서 결국 20분 정도 전화 통화를 하는 것으로 정했다. 이때 '5가지 항목'을 쓰면 경력직 채용 수요 트렌드에 대해서 언급한 뒤 중요한 부분을 말하기도 전에 종료 인사를 할 수밖에 없다. 그럴 때는 처음부터 다음과 같이 말하고 시작한다.

오늘은 시간이 얼마 없으니까 내가 강력 추천하는 채용 에이전시에 대해서만 말할게.

이직을 하고 싶은 친구가 무엇보다 가장 필요로 하는 정보는 좋은 조건을 많이 갖고 있으면서 내 가족처럼 꼼꼼하게 챙겨 줄 에이전시일 테니 그 소개에 집중하는 것이다. 이렇게 해서 친구는 단시간에 정말로 가치 있는 정보를 손에 넣을 수 있게 되었으니 당신에게 감사의 뜻을 전할 것이다.

30분 이상 걸리는 미팅에서는 피하는 게 낫다

범용성이 매우 높으면서 임팩트도 큰 '일점 격파'지만 한 가지 주의해야 할 포인트가 있다. 바로 회의 시간이다. 구체적

148

으로는 30분 이상 소요되는 미팅이나 프레젠테이션에서 '일점 격파' 사용은 피해야 한다.

'일점 격파'는 정말로 알기 쉽게 하나에만 집중시키는 반면 애초부터 회의 시간이 길게 설정된 장소에서 쓰면 '뭐야? 이렇게 시간이 충분한데 하나밖에 없어?'라고 여겨질 리스크가 있기 때문이다. 이런 경우는 오히려 '이때다!' 하며 '5가지 항목'으로 선회해 '여러분에게 총망라된 정보를 제공해 가치 있는 시간으로 만들어 드리겠다'라고 하는 편이 듣는 사람의 만족도를 높인다.

'일점 격파'로 15분 말한 뒤에 의견이 한층 발전될 것 같은 경우라면 괜찮지만 기본적으로 30분 이하의 미팅에서 사용하도록 하자. 또한 5분 정도의 가벼운 1 대 1 미팅에서도 당연히 사용할 수 있으니 자주 써서 '단시간에 임팩트가 강한 설명'이 가능한 사람으로 변신하자.

NG

오늘은 저희 회사의 설립과 오늘날에 이르기까지의
역사, 경영진 프로필, 각 사업부의 개요 설명, 귀사에
대한 이해, 시장을 둘러싼 환경, 저희 회사의 서비스
개요 등에 대해 말씀드리겠습니다.

OK

오늘은 시간 제약이 있으므로 '저희 회사의 서비스를 도입하면 귀사에 어떤 메리트가 있는가'에 대해서만 말씀드리겠습니다.

23

약점 폭로

○○이라는 약점이 있지만
개선이 가능합니다

갑작스러운 말이지만, '좋은 말만 하는 사람'은 어쩐지 수상하게 느껴지는 경우가 있다. 어떤 일에든 어떤 사람에게든 좋은 면도 있고 그렇지 않은 면도 있으며 강점이 상황에 따라서는 치명적인 약점이 되기도 한다. 세상사가 이런데도 빠른 속도로 "저희 회사의 서비스는 정말로 최고이므로 어떤 경우에도 누구에게도 적극 권합니다. 인기도 무척 많고 한정판이므로 서둘러 도입하셔야 합니다" 같은 말을 들으면 짜증이 확 밀려온다.

'해님과 바람' 이야기에서 배운 교훈처럼 '닥치고 밀어붙이기'는 별 효과가 없다. 오히려 발표자 스스로 "아, 솔직히 말씀드려서 그 부분은 좀 미묘하긴 합니다. 그래도 이렇게 저렇게 하면 그 약점을 보완할 수 있는데, 어떠신가요?"라며 숨김없이 약점을 드러내서 신뢰받는 설명이 되게 하는 표현이 바로 '약점 폭로'다.

내가 컨설팅 회사에서 일하던 때는 컨설팅 프로젝트 수행에 영업 활동 서포트도 겸하고 있었다. 그런데 본업은 어디까지나 컨설팅이었기 때문에 '매출을 매달 여기까지 올려야지' 하는 매출 목표가 딱히 없었다. 그래서 '우리의 강점과 약점을 생각했을 때 이것이 고객에게 정말로 최고의 제안인가?'라고 생각해 본 뒤에 아니다 싶으면 "솔직히 이 부분은 우리 회사보다는 다른 컨설팅 회사에 의뢰하는 편이 좋지 않을까 싶습니다"라고 밝힌 적도 있었다.

보통은 감추려 하는 것을 공개한 덕에 신뢰도 향상으로 이어진다

'그렇게 말했다가 진짜 고객이 도망가 버리면 어쩌려고?' 하며 걱정하는 사람도 있겠지만 의외로 그렇지도 않다. 스스로 '이 부분은 약합니다'라고 말함으로써 '반대로 이건 자신 있습니다'라는 자기 어필이 뚜렷해지고 무엇보다 '오! 이 사람은 자신에게 불리한 것도 솔직히 말해 주는 믿을 수 있는 사람이구나!'라고 여겨져서 인연이 장기적으로 지속될 수 있다.

보통은 자신이나 자사의 약점을 드러내지 못한다. 두렵기 때문이다. 그러나 솔직하게 '이 부분이 약점이다', '이렇게 보완할 수 있다'라고 말한다면 신뢰도는 떨어지기는커녕 되레 오른다. 상대방 입장에서 봤을 때 이처럼 확실하게 자기 분석이 되어 있고 그것을 드러낼 수 있는 오픈된 사람이라면 누구보다도 믿을 수 있는 파트너로 여겨지기 때문이다.

당신이 하는 설명의 신뢰도를 훌쩍 올리기 위해서도 용기를 내서 '여기는 약점입니다'라고 드러내 보자. 드러낼수록 신뢰받는 사람이 되고 감추느라 꾸밀 필요도 없어지며 점차 자신감이 생기고 긍정적으로 바뀌는 부가 소득도 생긴다. 설명의 기술이 향상될 뿐만 아니라 하는 업무까지 전반적으로 잘 풀린다.

NG

이 책 말이야, 진짜 흠잡을 곳 하나 없고 빈틈없이 설명의 기술이 향상되니까 지금 당장 서점에 가서 사는 게 좋을 거야!

OK

이 책 말이야, 기억해야 할 패턴이 40개나 되어서 한 번에 외우기는 좀 버거울지도 모르지만 '아, 이거 내가 쓸 수 있을 것 같아' 싶은 부분부터 하나씩 실천하기만 하면 눈에 보일 만큼 설명의 기술이 향상될 거야!

24

차이 좁히기

이 차이를
좁히기 위해서

세상에는 '정답이 존재하는 질문'도 있다. 예를 들면, 경리 시스템을 도입하려 할 때 기본적으로는 시스템에 맞춰 업무 단계를 조정할 것이다. 또 만약 당신이 탁구 초보자이고 몸 쪽으로 날아오는 공을 전방으로 치는 포핸드로 랠리를 잘하고 싶으면 '포핸드로 연속 벽치기 가능해지기'가 목표가 될 것이다. 대학 입학시험도 마찬가지다. 대학교에 따라 출제 유형이 다르겠지만 대학에 지원할 학생을 일정 정도의 학력으로 키우기 위한 로드맵은 확실히 존재한다.

이처럼 '대답이 존재하는 질문'은 현재 상황과 목표 간의 거리를 명확히 한 후 그 차이를 메우기 위한 행동을 우직하게 반복하다 보면 어느새 골인 지점을 바로 눈앞에서 볼 수 있게 된다. 그럴 때 사용하는 것이 '차이 좁히기'란 설명 패턴이다.

예를 들어, 당신이 대리점 개척 담당자이고 상사에게 중간 보고를 해야 하는 시기가 왔다고 하자. '차이 좁히기' 패턴을 쓰면 다음과 같다.

'6개월 안에 20개의 대리점을 계약한다'는 목표로 활동했지만 3개월 동안 7건이 현재까지의 성과입니다. 이런 속도라면 남은 3개월 동안 13개소를 개척해야 해서 결국 목표 미달이 될 것입니다. 이 둘의 차이를 좁히기 위해, 성과보수로써 상담 약속을 해준 도매상과 계약을 진행하고 싶은데 어떻게 생각하십니까? 구체적인 비용 및 효과 예측에 관해서는 여기에 정리했습니다.

이렇게 정량적인 접근을 통해 '이대로라면 목표 미달이다'라는 부정적인 사실도 부드럽게 드러내고 현상과 목표 간의 차이를 좁히기 위한 해결책 제안도 받을 수 있다면 상사로서 매우 안심될 것이다. 최종적으로는 목표 달성이라는 결과를 이루어 줄 것 같은 분위기도 감지할 수 있고 말이다. 그런데 차이를 좁히는 표현을 모르는 경우라면 이런 모습일 것이다.

6개월 안에 20개의 대리점을 계약해야 하지만 아직 목표에 도달할 전망은 낮아 보이므로 보다 강력한 액션을 취하지 않으면 안 됩니다.

구체적으로 어떤 상황인지, 무엇을 해야 좋을지 알 수 없다. 이런 식이면 상사의 신뢰를 얻기 어렵다.

지향해야 할 목표가 명확하고 구체적일 때만 사용하자

한편, '차이 좁히기'는 매우 쓰기 쉬운 표현이지만 인생, 커리어, 연애 등 다양하고 복잡하며 사람마다 가치관 차이가 뚜렷한 주제에는 사용하지 않는 게 낫다.

당신의 인생 목표와 상담자의 인생 목표는 최저로 잡더라도 59도 정도 방향성이 다른 게 당연하다. 그런데도 이런 주제에 '차이 좁히기'를 사용하면 '뭐지, 이 사람? 뭔가 자기 생각을 막 밀어붙이는 거 같은데' 하며 당혹스러워할 것이다. 그러니 반드시 명확하고 구체적인 기준이 있는 경우에 한해서 사용하자.

월간 목표까지 앞으로 200만 엔 부족하므로 어쨌든 부지런히 움직여 열심히 하겠습니다!

월간 목표까지 앞으로 200만 엔 부족합니다만 긍정적으로 예상되는 고객 문의가 5건 정도 있고 그중에서 3건이 결정되면 목표 달성이 가능합니다. 그런데 지금까지의 실적으로 생각하면, 자칫 2건을 끝으로 마무리될 수도 있습니다. 이 차이를 좁히기 위해, 이 달 말까지 기간 한정 특별 가격 인하 플랜을 이 고객들에게 제안해서 가급적 3건 추가로 마무리하고 싶은데, 어떠십니까?

25

이른 거절

시작하기에 앞서,
미리 양해를 구합니다

'난생처음 만나는' 사람이 많은 미팅이거나 어떤 백그라운드를 가진 사람들이 참가하는지 모르는 상황에서 강연해야 할 때가 있다. 이런 경우 참가한 사람들이 가진 식견과 기대치가 다 달라서 강연이 끝났을 때 '처음에 생각했던 것과 다르다!'라는 비판적인 뉘앙스를 가득 담은 질문지나 의견을 받을 가능성이 커진다. 이를 예방하고 어느 정도는 청중의 기대치를 살짝 덜어내기 위해 사용하는 '이른 거절'을 소개한다.

　　내가 예전에 컨설팅 회사에서 근무할 때 일이다. 클라이언트 기업의 젊은 세대를 대상으로 '성과를 최대화하는 프로젝트 매니지먼트 비법'이란 제목으로 '60분 강연, 40분 질의응답&토론'으로 구성한 강의를 한 적 있다. 이런 상황이야말로 '이른 거절'을 활용해야 할 때다.

시작하기에 앞서 미리 양해를 구하겠습니다. '이번에 하는 트레이닝만으로 최고의 프로젝트 매니저가 될 수 있다!'라고 말하려는 게 아닙니다. 이번 만남에서는 프로젝트 매니지먼트에 관한 요점을 파악하고 또한 '프로젝트 매니지먼트를 할 수 있게 되면 일이 이렇게 잘 진행되는구나!' 하며 그 매력을 여러분이 이해하는 것에 목표를 두겠습니다. 덧붙여 후반부에 구체적인 프로젝트 매니지먼트 비법도 소개하겠습니다. 실천 난이도가 높지 않은 것으로 엄선해서 소개할 텐데, 사용하면 당장 내일부터 업무가 잘 진행될 것입니다. 그 뒤에도 실천과 강의를 반복해서 해 나가면 프로젝트 매니지먼트에 관한 체계적인 지식 및 경험을 내 것으로 만들 수 있을 것입니다!

이처럼 '이른 거절'을 해서 '여기에 참가하는 것만으로 단번에 가능하게 된다!'와 같은 선입견을 배제하고 강연의 요점 파악과 매력 포인트 이해에 초점을 맞추도록 유도해서 트레이닝 효과를 극대화할 수 있다.

'이른 거절'을 한 뒤 플러스 측면을 인상 깊게 말한다

'이른 거절'을 하면 무리 없이 기대치 조정이 가능하고 강연이 끝난 뒤에 '어라? 생각했던 것과 다르네' 하는 식의 불만이나 이상한 각도에서 치고 들어오는 질문이 사라진다.

하지만 '이른 거절'만 있으면 현장의 분위기가 무겁게 가라앉는다는 단점이 있다. 방금 전에 했던 트레이닝의 사례에서 '최고의 프로젝트 매니저가 될 수 있다!고 말하려는 게 아닙니다'로 끝내 버리면 안 된다는 뜻이다. '제목 보고 그런 줄 알고 일부러 시간 내서 참석했는데!'라며 실망하거나 화를 내는 청중도 있을 수 있기 때문이다.

그러지 않도록 '이른 거절' 뒤에는 그 대신 얻을 수 있는 효용에 관해 청중이 숨 쉬는 것도 잊을 만큼 몰입하도록 열정적으로 이야기하자. 다소 침체됐던 분위기가 반전되며 참석자들의 이목을 집중시킬 수 있을 것이다. 부디 '이른 거절'만으로 끝내서 청중이 본전 생각이 나지 않도록 신경써 주길 바란다.

NG

지금까지 말씀으로 귀사에게 돌아가는 장점을 충분히 잘 알 수 있었지 않았나 합니다! 그럼, 계약을 진행해도 되겠습니까?

OK

시작하기에 앞서 미리 양해를 구합니다만, 지극히 소수이긴 해도 저희 회사 서비스에 만족하지 못했다는 고객도 있는 게 사실입니다. 그러나 지금까지의 거래 상담을 돌아봤을 때, A사에게라면 틀림없이 저희가 받은 금액 이상의 메리트를 제공할 수 있다고 확신합니다.

26

과장

극단적으로
생각하면

세상에는 방황하고 있는 사람의 어깨를 다독여 동기 부여를 하는 표현이 여럿 있는데 애플의 창업자인 스티브 잡스의 '오늘이 내 인생의 마지막 날이라면, 내가 오늘 하려는 것을 과연 할까?'도 상당히 유명하다. 자신은 진심으로 어떤 것에 도전하고 싶지만 타인의 이목이나 경제적 환경 등에 사로잡혀 한 발자국도 나아갈 수 없을 때 이 말을 들으면 큰 울림이 있을 것이다.

그런데 만일 이 표현이 그저 '나는 내가 하고 싶은 것을 하겠다!'라면 그 임팩트는 확 줄어든다. '하, 이론상으로야 그렇지. 근데 살아가려면 돈도 필요하고 말이야… 쯧쯧쯧' 하며 흘려버릴 것이다. 따지고 보면 같은 말인데 왜 이렇게 다를까. 그 이유는 바로 '극단'에 있다.

우리는 적어도 지금 당장 죽지는 않는다. 평균 수명으로 생각하면 앞으로 수십 년은 건재하다. 스티브 잡스는 이 전제를

171

일단 저 멀리 날려 버리고 '오늘이 인생 최후의 날=오늘 죽는 날이라면 당신은 정말로 만족할 수 있는가?'라는 극단적인 질문을 하고 있는 것이다.

이 질문을 듣는 사람은 '오늘 죽는다면… 정말 그런 일이 벌어진다면 정말로 내가 만족하고 떠날 수 있을까?' 하면서 본질을 생각하게 된다. 극단적인 표현이나 가정을 통해 본질을 드러내는 것이 '과장=극단적인 질문'의 효과다.

'사물 혹은 돈의 대소' '기간의 장단'을 극단적으로 배치한다

예를 들면, 당신이 마케팅 담당자이고 직원 전체 회의 상황이다. 사장이 '매출을 좀 더 늘려 나가고 싶다', '예산을 지금의 3배로 키울 테니 광고를 늘려 잠재 고객을 확대하라'라는 말을 했다고 하자. 매출을 늘리기 위해 광고에 추가 예산을 투입하는 것 자체는 있을 수 있는 일이다. 그렇지만 현재 상황, 즉 고객 한 사람을 획득하기 위한 마케팅 비용이 판매 단가를 상회하고 있는, 다시 말해 '팔면 팔수록 적자가 되는' 것을 당신은 알고 있다. 이럴 때 '과장'을 활용하면 효과가 크다.

사장님, 단기적으로 매출을 올리고자 하는 점 잘 알고 있습니다. 광고비를 3배로 늘렸을 경우 적어도 매출은 1.5배가 될 것입니다. 그런데 적자 폭은 더욱 커져서 현재 상황의 2배로 예측됩니다. 장차 앞으로의 비즈니스 확대도 고려해 극단적으로 생각해 봤을 때, 광고비를 10배로 확대한다면 적자는 현재의 6.5배가 됩니다. 이렇게 되면 회사의 장기적인 성장은 어렵지 않을까요? 광고비 투입보다는 우선 이익률 개선에 매진하는 방향으로 진행하고 싶은데 어떻게 생각하십니까?

이렇게 해서 '매출 향상을 위한 마케팅 비용 확대 투입이 아니라 이익률 개선이라는 주요 목적으로 선회해 장기적인 성장이 가능하게 한다'라는 본질을 고스란히 드러낼 수 있었다. 이 사례는 '돈의 대소'였지만 때로는 '이 상태가 2년 이어진다고 가정해 극단적으로 생각하면'처럼 '기간의 장단'으로 사용할 수도 있다.

눈앞의 것들만으로는 보이지 않는 본질을 밝히기 위한 '극단적인 상정', 많이 활용해 보길 바란다.

어느새 1달러에 150엔이 되었군요. 수입 가격 상승에 대비하지 않으면 안 되겠는데요.

극단적으로 생각해서, 지금의 엔저가 최근 두 달간
보인 수준으로 앞으로 2년간 지속된다면 2년 후에
는 1달러에 250엔을 돌파합니다. 그럴 경우 원재료
비와 수입 비용이 현재의 약 1.7배로 확대될 것입니
다. 그렇게 된다 하더라도 이익을 낼 수 있도록 전략
적 조달 계획을 긴급하게 세울 필요가 있으니 프로
젝트로 진행하게 해주십시오.

27

역전 사고

일부러 반대로
생각해 봅시다

‘다가올 시대를 위해 최소한 영어는 자유자재로 할 줄 알아야 한다’라는 말을 여기저기서 들을 것이다. 나도 컨설팅 회사 3년차 때 어느 날 ‘다음 주부터 싱가포르 프로젝트에 합류할 것입니다, 최선을 다해 주십시오’라는 지시를 듣고 ‘해외에서 일하는 건가? 쉽지는 않겠지만… 뭐 어떻게 되겠지’ 하고 갔는데 실상은 전혀 그렇지 않았고 절반은 울면서 일해야 했다. 그러나 거기서 겪었던 엄청난 경험 덕분에 그 뒤에도 영어 실력을 살린 업무 기회를 다양하게 얻고 있는 걸 보면 인생사 새옹지마라고, 참 모를 일이다.

　확실히 앞으로도 영어의 중요성은 더 커질 것이다. 그렇다고 해서 ‘앞으로의 시대, 영어를 확실히 해 두지 않으면 안 됩니다’라는 정론을 들으면 ‘또 뭔 소리를 하려고 저러는 건데?’ 하면서 있는 그대로 받아들이려 하지 않는 사람이 대부분이다. 그러나 비즈니스맨이라면 이렇게 귀 따가운 정론을 확실하게 전달하지 않으면 곤란한 경우가 적지 않다.

이럴 때 심술궂은 사람이나 다소 완고한 사람일지라도 '아, 확실히 그런 것 같긴 해. 이참에 한번 해볼까?'라고 솔깃하게 받아들이도록 하는 무기가 이 '역전 사고' 패턴이다.

"앞으로의 시대에는 영어를 공부해야 한다!"라는 말을 자주 듣는데 그렇다고 해서 기초부터 다시 공부해야 한다면 막막한 기분도 들 테고 할 마음도 생기지 않겠지요. 그렇다면 일부러 반대로 생각해 볼까요. 계속 영어 공부를 전혀 하지 않는다면 향후의 업무 기회가 어떻게 될 것인가 상상해 봅시다. 앞으로의 일본 인구는 감소세가 지속될 테고 경제 규모도 줄어들 것이며 엔화 약세도 확대될 것입니다. 그런 상황에서 영어를 전혀 못하는 상태 그대로라면 커리어의 안정성이 흔들릴 거란 생각이 들지 않으십니까?

이처럼 '일부러 반대로 생각해 보기'를 하면 단순하게 직설적으로 '해야만 한다!'라는 말보다 '아, 확실히 그렇겠다, 그렇다면 좀 깊이 생각해 봐야겠구나'라는 생각이 들게 된다.

'당연한 것'을 전달해야 할 때 최적

'역전 사고'는 '당연한 것', '상식적인 것'을 전달하고 싶을 때 딱이다. 당연한 것과 상식적인 것은 다양한 사람들이 다양한 장소에서 예전부터 들어온 것이기 때문에 만일 지금 또다시 말하면 '아, 그건 이미 알고요'라거나 '아 좀! 알고 있다고!' 같은 반발이나 들을 가능성이 높다. 이럴 때 '역전 사고'를 써서 '반대로 생각해 봅시다'로 바꿔 말하면 상대방은 '아, 확실히 그건 그렇겠네!'라며 끄덕일 것이다.

한편, 독창적인 의견이나 아이디어를 전할 때는 '일부러 반대로 생각'하지 않아도 된다. 오히려 독창적인 아이디어는 곧바로 전달하자. '역전 사고'가 최대 효과를 발휘할 때는 어디까지나 전달하고자 하는 내용이 '당연한 것'인 경우에만 한정된다고 기억하자.

NG

정말이지 이런 상태가 지속되는데 인재 채용은 너무
위험하지 않을까요?

OK

일부러 반대로 생각해 볼까요? 이 상태로 인재 채용을 지속했을 경우 반년 후의 고정비 지출이 어느 정도 될 것 같습니까?

28

축구장 계산법

이것은 □□의
○개 크기입니다

'비즈니스맨이여, 숫자에 강해져라' 같은 말을 자주 들을 것이다. 확실히 미팅 중에 이런저런 숫자를 넣어 이해하기 쉽게 만든 프레젠테이션이나 숫자를 잘 다루는 사람을 보면 엄청나게 멋져 보인다. 문과 출신인 나는 금융에 강한 사람이나 데이터 과학자 같은 사람들의 업무를 어깨너머로 보고 있으면 '뭔지 잘은 모르지만 참 대단하다' 하면서 저절로 선망하는 마음마저 생긴다.

이런 마음은 나뿐만이 아니라 많은 비즈니스맨들이 갖고 있는, 어쩌면 일종의 콤플렉스가 아닐까 싶다. 그러므로 일상 업무에서 숫자를 자유롭게 다룰 수 있으면 '이 사람, 참 유능하네!'라는 평가를 받기 쉬워진다.

이처럼 '숫자를 자유롭게 다루는 요령'이 바로 '축구장 계산법'이다.

뉴스나 다큐멘터리 프로그램에서 '이것은 축구장 25개 크기입니다' 하는 식의 표현으로 이해를 돕는 멘트를 들어봤을 것이다. 개인적으로는 '축구장 25개 크기'라는 말을 들어도 딱 감이 오진 않지만 많이 알려진 예시이므로 기억해 두도록 하자.

굳이 용어 정의를 내린다면 '너무 큰 숫자나 너무 작은 숫자를 들었을 때 듣는 사람이 가늠하기 쉽도록 어떤 것에 빗대어 이해를 돕는다' 정도가 될 것이다. 실제 비즈니스 상황에서는 넓이 말고도 돈과 시간과의 관계를 표현할 때 사용하는 경우가 많다.

일전에 아내와 오랜만에 하라주쿠에 갔다 왔는데, 그 역 앞에 유달리 눈길을 끄는 건물 '위드 하라주쿠'가 있었다. 거기 4~7층, 9~10층은 '위드 하라주쿠 레지던스'라는 거주공간이었는데 문득 '저기서 살려면 얼마가 필요할까' 하는 생각이 들었다. 글쎄, 월세가 277만 엔이라는 것이다.

이때 "와! 저기 월세가 277만 엔이래!"라고 말해도 액수가 너무 커서 느낌이 확 오지 않지만 "위드 하라주쿠에서 6개월 지내는 금액이 롤스로이스 1대랑 거의 비슷한 가격이야! 만일 2년 동안 머문다면 롤스로이스를 4대나 살 수 있다는 거네"라고 말하면 "하, 진짜? 되게 비싸네!"라는 반응을 보일 것이다.

축구장 계산법은 실용성이 매우 높아서 이런 설명을 할 수 있게 되면 당신의 평가가 높아지는 것은 물론 팀 전체의 생산성도 높아지며 잘못된 의사 결정을 방지할 수도 있다.

예를 들면, 위로부터 '신규 광고 예산으로 월 2,000만 엔 정도를 따서 제대로 운용하라'라는 지시가 갑자기 내려왔다고 가정하자. 축구장 계산법을 사용해서 설명해 보자.

월 2,000만 엔은 연봉 1,200만 엔의 직원을 20명이나 고용하는 금액입니다. 정말로 지금 그런 금액을 광고에 투입해야 할까요? 그런 대대적인 투자를 하기 전에, 지금의 프로세스를 정교하게 재검토해서 서비스의 장점을 제대로 어필하고 있는지 확인하고 싶습니다.

이런 식으로 생산적인 논의로 전환할 수 있다. 너무 무리한 요구가 떠맡겨질 사태를 피하는 데도 쓸 수 있는 다재다능한 '축구장 계산법'이니 조금이라도 숫자에서 위화감이 느껴진다면 꼭 사용해 보길 바란다.

아이폰14 말이야, 싼 것도 12만 엔이나 한대! 말도 안 되게 비싸지 않아?

아이폰14 가격이 12만 엔이라더라. 근데 이게 닌텐
도 스위치를 3개나 살 수 있는 가격이야.

29

패턴 추출

성공 패턴은 ○○,
실패 패턴은 △△입니다

　　　　　　　　저지르고 나서 아차 하는 것 중에
'뭐든지 나 혼자 생각하려 했던 것'도 있다. 인류의 역사는 생
각보다 훨씬 길어서 대부분은 앞선 세대가 이미 했던 것들이
다. 그중에는 잘 돼서 성공한 것도 있지만 아무짝에도 쓸모없
는 실패 케이스도 있다. 이러한 성공·실패 케이스를 수집한
후 '반드시 하는 게 좋은 것'과 '반드시 피해야 할 것'을 추출
해 적용하다 보면 의외로 원활하게 업무를 진행할 수 있다.

　　예를 들면, 신규 사업 론칭 준비나 새로운 국가나 지역에서
의 비즈니스 확장 준비를 하는 경우다. 한때 나는 이미 싱가포
르와 타이완 등에서 실시 중인 비즈니스를 일본에서도 할 필
요가 있었다. 그때 본국의 창업자와 COO, CPO, 다른 나라의
사장들에게서 마케팅, 판매, 규제 대응, 인재 채용 등의 영역별
성공 사례, 실패 사례를 배우는 시간이 있었다. 덕분에 나는 최
소한의 시간과 노력으로 각 파트의 시스템을 파악해 비즈니스

확대에 주력할 수 있었다. 그들로부터 사전에 어드바이스를
받았던 덕분이다.

비즈니스에서 완전히 새로운 것을 시작하는 일은 솔직히
말해 거의 없어서 '동일한 사업을 다른 지역에서 실시한다'거
나 '경쟁사와 같은 영역에 참가한다' 같은 경우가 많다. 이때
성급하게 배 띄우는 데만 열중하지 말고 아래의 3단계를 철저
히 수행하겠다고 다짐하자.

① 성공 사례, 실패 사례를 모은다.

② 거기에서 성공 패턴, 실패 패턴을 추출한다.

③ ②를 기반으로 '해야 할 것'과 '하면 안 되는 것'을 명확
   히 한다.

패턴 추출 표현으로 날카로운 제안을

이 3단계를 자연스럽게 수행하는 습관을 들이기 위해 업무
상 무언가를 제안하고 싶다면 '패턴 추출'을 꼭 사용해 보자.
"성공 패턴은 ○○, 실패 패턴은 △△입니다"라고 발언하려
면 필연적으로 그러한 패턴을 추출하기 위한 성공·실패 사례

를 모아야 하기 때문이다. 나아가 패턴 소개로 그칠 게 아니라 '그러므로 이것을 확실히 수행합시다'라거나 '반대로 이걸 하면 과거와 동일한 실패 패턴에 빠지고 맙니다'라는 행동 제안도 가능하게 된다.

예를 들면, 다음과 같다.

> 맨바닥에서 조직을 일으키고 궤도에 잘 안착시킨 성공 사례, 공중분해 되고 만 실패 사례를 각각 10개 사 정도 조사했습니다. 그 결과, 성공 패턴은 '이익이 나올 때까지 고정비를 늘리지 않는 것'이었고 실패 패턴은 '단기적인 매출 증가에 편승해 대규모 인재 채용을 한 것'임을 알 수 있었습니다. 이로부터 우리가 해야 할 것은 '고정비를 최소한으로 억제하면서 시장에 상품이 받아들여질 때까지 제품 개선을 반복하는 것'이고 절대로 해서는 안 되는 것은 '매출이 조금 올랐다 해서 단번에 직원이나 사무실 지출을 늘리는 것'입니다.

'패턴 추출'을 제대로 활용하면 그저 조사하는 데 그치지 않고 납득할 수 있는 활동까지 제시할 수 있다.

NG

A지점은 2년 만에 흑자를 달성했고 B지점은 설문조사 결과는 좋지만 매출은 부진했으며 C지점은 적자 폭이 확대되고 있습니다.

OK

각 지점의 성공 사례, 실패 사례를 각각 5개 정도 조사했습니다. 그 결과, 성공 패턴은 '점장 및 메인 스텝이 다른 지점 경험자인 것'이고 실패 패턴은 '점장 포함 신규 채용을 한 것'임을 알 수 있었습니다. 이를 기반으로 이번 신규 출점에도 적어도 점장과 부점장 두 사람은 기존 매장에서 우수한 스텝을 승진시켜 맡겨야 한다고 생각합니다.

30

호가호위

전문가도
이렇게 말했습니다

회계사, 변호사, 의사 등 이른바 '사'자가 붙는 직업이야말로 프로페셔널하고 멋져 보인다. 나는 국가가 보증하는 자격과는 인연이 없는 비즈니스 인생을 살아서 그런지 이런 직업군의 전문가들을 만나면 '대단하다'고 여길 때가 종종 있다.

이처럼 '사'자로 대표되는 전문가의 의견은 어느 사회에서나 존중된다. 아무 자격도 없는 일반 비즈니스맨이 "이 약, 정말 좋습니다. 부작용도 없고 잠도 잘 잘 수 있게 해줍니다"라고 권해 봤자 불안감만 키우지만 수면 관리에 전문성을 가진 내과 의사가 같은 말을 하면 "아, 그럼 그거 주세요!" 하며 바로 주문하게 되는 게 보통 사람의 마음이다. 그만큼 전문가의 의견이 갖는 의미는 크다. 이것을 의식적으로 활용하는 패턴이 '호가호위(狐假虎威, 남의 권세를 빌려 위세를 부림)'이고 표현이 '전문가도 그렇게 말하고 있습니다'이다.

의료 세계만이 아니라 어느 특정 업계에서 오랫동안 종사한 전문가의 의견은 그야말로 아무리 돈을 많이 지불한다 해도 얻고 싶은 법이다. 컨설팅 회사도 비자스쿠, 가이드포인트, 거슨레만그룹 같은 업계의 전문가를 소개해 주는 플랫폼 회사를 통해 전문가 인터뷰를 실시하고 이를 통해 얻은 지식을 프로젝트 성과에 포함시킬 정도다.

'30분 리서치'로 전문가의 소리를 모은다

회의나 프레젠테이션 때마다 컨설팅 회사처럼 전문가 인터뷰까지는 무리일지라도 정말로 통과시키고 싶은 안건이 있을 때는 꼭 리서치를 해보길 바란다. 구글, 유튜브 등으로도 충분하고, 30분 정도면 된다. 자신이 통과시키고 싶은 내용과 같은 방향으로 의견을 말하고 있는 전문가의 목소리를 모아 '이 의견에 관해서는 T대학의 A교수도 이렇게 말하고 있습니다'라고 하면 설득력이 폭발적으로 상승한다. 본인의 신뢰도로는 부족한 케이스일지라도 약간의 리서치로 전문가의 권위를 빌린다면 제안이 통과될 확률이 2.5배까지 오른다.

이보다 더 통과 확률을 높이고 싶을 때는 '이 영역에 관한 전문가가 내 주변에 없을까?' 하며 친구에게든 지인에게든 물어서 실제 전문가와 만나 인터뷰를 하면 더욱 좋다. 나도 지금 일하는 회사의 사장으로 갈 것인가 말 것인가를 결정해야 했을 때 실제로 치과 의사의 양해를 얻어 이 회사 비즈니스 모델의 장래성과 타당성에 대해서 상당히 깊이 있는 조언을 들었는데 그게 정말로 큰 도움이 되었다.

물론, 언제까지고 호랑이의 위엄을 빌리는 여우로 살다간 바닥이 드러날 수도 있지만 자신의 식견으로는 아무리 해도 부족한 경우에는 큰 도움이 될 것이다.

웹 광고에 투자할 자금이 있으면 인스타그램과 인플루언서 활동에 투자해야 합니다.

OK

B2C 영업 영역에서 과거 3회 정도 연간 매출 20억 엔을 달성했던 기업가로부터 '웹 광고비용 대비 그 효과는 해마다 약화되고 있고 광고 이외에서 비즈니스를 확장할 수 있는지 여부가 성패를 결정한다'라는 어드바이스를 받았습니다.

31

정량&정성

정량적으로는~
정성적으로는~

내 취미이자 삶의 쉼표 중 하나가 '마음에 드는 카페에서 맛있는 커피를 천천히 마시면서 빵을 먹고 소설이나 비즈니스 책을 읽는 것'이다. 토·일 아침은 거의 항상 근처에 있는 커피＆베이커리로 가고 평일도 월요일은 졸린 눈을 비비면서 거의 매주 가고 있다.

이 취미를 돈이라는 정량적인 것으로 환산해도 손해는 아닌 게 확실하다. 커피와 빵에 600엔 정도 드니까 매월 대략 7,000엔, 연간 8만 4,000엔, 10년에 84만 엔이 든다. 돈이 아주 안 드는 것은 아니지만 그곳에서 얻는 충만감, 릴랙스 효과 등 돈으로 환산하기 힘든 가치를 누리고 있기 때문에 그만둘 생각은 없다.

이처럼 인간의 행동은 어느 정도 돈으로 대표되는 숫자로 변환하는 게 가능하다. 그런데 그렇게 해서 모든 게 해결되는 가 하면 꼭 그렇지도 않아서, 돈과 숫자로 다 드러낼 수 없는

'몽글몽글한 그 무엇'이 중요시될 때도 있다. 지금부터 이 양쪽을 잘 아우르는 표현인 '정량적으로는~, 정성적으로는~'을 알아보자.

'정량&정성'은 회의 참석자 모두 나름의 개별 아이디어가 있어서 결정이 어려운 경우에 특히 효과를 발휘한다. 편의점이나 의류매장의 신규 출점 장소를 놓고 의논하는 상황을 예로 들어보자.

지금 하고 있는 이런 정성적인 의논만으로는 결정하기 어려울 것 같습니다. 그렇다면 개점 준비와 마케팅에 드는 초기비용, 오픈 후 1년간 기대할 수 있는 매출 등의 정량적 관점에서 각 후보 점포의 평가를 실시하고 그 후 다시 모여 정성적인 의논을 하는 것이 어떨까요?

이런 식으로 '정량&정성'으로 논의를 이끌어 가면 그 자리에서 방향성이 재설정된다.

'정량 괴물'이 되지 않도록 주의하라

'정량&정성'은 설득력이 매우 강력하지만 체득한 지 얼마 안 되었을 때 저지르기 쉬운 잘못이 있으니 조심해야 한다. 그것은 바로 정량화해서 억지로 자기 생각을 밀어붙이려 하는 것이다. 앞에서 나의 카페 얘기로 사례를 든 것처럼, 정량화로 모든 것이 결정될 만큼 인생이 그렇게 단순하지 않다. 세상을 계산만으로 살아간다면 일에서 얻는 보람도 가족의 행복도 던져 버리고 오로지 '높은 월급과 낮은 생활비'만을 추구하는 인생을 살겠다는 것인데, 어디 그게 진정한 행복이겠는가.

모든 것을 정량화해서 생각하는 소위 '정량 괴물'이 되면 앞에서 말했듯이 '맞는 말 같아 보이지만 전혀 합당하지 않은 사고방식'을 입만 열면 제안하는 민폐 인물이 되고 결국은 설명도 잘 통하지 않게 된다.

어디까지나 정량화는 이견을 좁히는 데 유용한 하나의 수단으로 인식하고 정량&정성 양쪽 고루 신경을 쓰면서 논의를 진행해 나가는 것이 좋다.

NG

이번 발주는 A사에 하고 싶은데 어떨까요? 정기적
인 보고를 잊지 않고 해주는 점이 좋거든요.

OK

정량적으로 생각하면 B사가 다른 회사보다도 2배 정도 저렴합니다. 그런데 보고의 빈도나 꼼꼼함, 빠른 개선 속도 등 정성적인 요소까지 고려해 보면, 다소 가격 차이가 있더라도 역시 A사에 의뢰해야 하지 않을까요?

32

힌트 주기

이것으로부터
알 수 있는 것은

'설명을 알아듣기 힘들다!', '무엇을 말하고 싶은 건지 확실히 하십시오!'라는 말을 듣는 사람의 특징 중 하나가 '횡설수설 말하는 습관'이다. 생각나는 대로 조각조각 단편적인 정보로 말하기 때문에 듣는 사람 입장에서 보면 '응? 그래서?'가 되고 남는 게 하나도 없다.

이런 사태를 피하면서 듣는 사람의 '와, 이 사람 설명 참 재미있게 잘하네!', '이거 정말 중요한 내용이군' 하는 감탄을 불러일으키는 표현이 '힌트 주기'다. 외국계 기업과 컨설팅 회사에서는 '인사이트'라는 표현을 사용하기도 한다.

데이터나 사례 등을 설명한 뒤에 '이를 통해 말씀드릴 수 있는 것은'이라는, 우리 귀에도 익숙한 표현을 붙이면서 여기에 어떤 가치가 있는지 명확히 밝히는 것인데, 논의를 더욱 진화·심화시키는 효과까지 끌어내는 강력한 표현이다.

예를 들어 보겠다. 현재 도쿄도의 맨션 가격이 가파르게 오르고 있다. 통상 맨션은 건축년수가 경과할수록 가치가 떨어지는 게 보통인데 도내, 특히 항만에 접한 맨션은 건축년수가 10년이 이상 경과해도 신축 때의 1.5배로 형성된 곳도 흔하다.

그런데 이런 정보만 있으면 '그렇겠구나, 앞으로 도내에서 집을 사려는 젊은 사람은 참 힘들겠네'라든가 '도심지에 살면 좁기만 하지 뭐가 좋다고, 이참에 완전 원격근무제로 전환해서 교외로 나가 살까' 같은 감상밖에 나오지 않지만 '힌트 주기' 관점으로 생각해 보면 상당히 재미있어진다.

여기에서 말할 수 있는 것으로 다음과 같은 의미를 생각해 볼 수 있다.

- 엔저가 진행되고 있어서 해외의 부유층에게 도쿄의 맨션이 비교적 저렴한 투자 물건으로 인식되었고 그래서 수요가 늘었다.
- 상하이, 런던, 뉴욕 등의 부동산 가격도 뛰어오르고 있는데 이에 비교하면 도쿄는 아직은 싸다고 여겨지고 있다.

따라서 "이를 통해 알 수 있는 것은"이라 시작한 뒤 "앞으로도 도쿄의 맨션 가격은 상승할 것이므로 다소 무리를 해서라도 매입하는 편이 좋겠습니다"처럼 부동산 비즈니스 대화로 이어질 수도 있을 것이다.

힌트는 '정답'보다도 '재미' 중심으로

이 '힌트 주기'를 사용할 때 중요한 점은 '정답으로 인도하는 것'이 아니라 '아, 확실히 그런 식으로도 들리네!'와 같은 지적 호기심을 자극하는 것이다. 그래서 더욱 논의를 깊이 있게 한 후 "좋아, 이 방향으로 생각해 보자!"라는 쪽으로 결정되면 그 결정을 보강할 수 있는 정보가 더 있는지 추가로 조사하면 된다.

'어느 게 정답인가…'라고 생각하기 시작하면 아무 발언도 할 수 없게 된다. "여기에서는 이러한 것을 알 수 있군요! 게다가 조금 더 생각하면, 이렇게 될지도 모르고요"처럼 재미있는 힌트를 툭툭 던져서 회의 중에 존재감을 높여 나가길 바란다.

최근 하라주쿠 다케시타 거리에 갔다 왔는데 말이야, 공실이 엄청나게 많았어.

OK

'다케시타 거리에 빈 상가가 늘고 있다'는 것에서 알 수 있는 것은, 젊은 세대의 흥미가 '멋진 패션과 여럿이 모여 활기차게 노는 것'에서 '온라인상에서의 커뮤니케이션'으로 이동하지 않았나 하는 점입니다.

33

가성비 따지기

가성비만
놓고 봤을 때

나는 맛있는 것을 먹으러 다니는 것을 정말 좋아한다. 단지 내 경우는 조금 독특해서 단순히 '맛있는 것을 먹는 것'에는 그다지 마음이 움직이지 않는다. 1만 엔이든 2만 엔이든 돈만 내면 눈이 휘둥그레질 만큼 맛있는 것을 먹을 수 있을 테지만 그런 음식은 그럴 만한 비용을 지불했기 때문이므로 당연하다면 당연하다. 내가 말하려는 건 '이 가격으로 이런 퀄리티와 이런 양이라고?!' 할 만큼 엄청난 밥, 그걸 찾아 돌아다닌다는 뜻이다.

요즘엔 신바시 역 앞 빌딩 1호관 1층에 있는 '다치노미 돈카츠 마루야'에서 파는 런치, 로스가츠돈에 푹 빠져 있다. 막 튀긴 돈가스를 올린 맛있는 가츠돈이 500엔이라니 이거야말로 최고의 가성비를 뽐내는 밥이지 않은가. 진짜 최고다!

이 '가성비'라는 사고방식은 인류가 보편적으로 가진 개념이다. 사내 미팅이나 고객 대상 제안에서 '이 아이디어를 권합니다!'라고 어필할 때의 논리로 이것만큼 강력한 표현은 거의 없다. 또 이른바 브레인스토밍 회의에서 이런저런 아이디어가 나온 후 '어느 것으로 할 것인가…' 하며 모두가 고민하고 있을 때 '가성비로 생각해 보면 어떨까?'라고 제안할 수 있으면 정말로 스마트한 사람으로 여겨진다.

예를 들면, 인플루언서를 활용한 신상품 프로모션을 앞두고 과연 어느 인플루언서에게 의뢰해야 할까 의논한다고 하자. 그럴 때 '의뢰 단가는 높지만 팔로워가 많은 사람'과 '의뢰 단가는 그리 높지 않지만 팔로워 수가 적은 사람'이라는 두 개의 선택지가 있을 때 의견이 분분해지기 전에 다음과 같이 제안하는 것이다.

가성비로 생각해 봅시다. 'PR을 의뢰할 때 드는 비용'과 '예상 매출'이란 두 개의 축으로 비교하면 이해하기 쉬운 논의가 되지 않을까 생각합니다. 예상 매출은 일단 팔로워의 0.1%가 구입한다고 가정해 보죠.

이 같은 제안 하나로 정성적인 의견들에 매몰되어 시간만 쓰거나 결론이 나오지 않거나 하는 일 없이 '가성비로 보면 이쪽 선택지로 해야겠네!' 하며 회의가 종결된다.

특히 잘 맞는 것은 '정량화'가 가능한 케이스

이처럼 격식을 따지지 않는 가벼운 논의에서도 효과를 발휘하지만 '압도적인 효과'를 자랑하는 것은 비용이나 성과도 정량적으로 예측할 수 있는 패턴이다. 비용은 금액이나 공정별 투입 시간과 인력을, 성과는 이를 통해 얻을 수 있는 이익이나 고객과의 상담 건수를 말한다. 각 담당자로부터 얻은 정량적인 정보도 추가할 수 있으면 이상한 방향으로 흐르는 일 없이 깔끔하게 결론지을 수 있다.

추가로 덧붙이자면, 언제나 '이걸 정량화하면 어떻게 될까?'라고 생각하는 습관도 생겨서 '이 사람은 숫자로 생각할 줄 아는 사람이구나'라고 평가받는 일종의 덤도 생긴다. 범용성이 매우 높은 '가성비 따지기'를 꼭 사용해 보길 바란다.

신규고객 후보인 A사와 B사 중에 어디를 우선해야 할까요?

OK

'앞으로 5년 내의 비즈니스 확장'과 '계약하기까지의 난이도'를 놓고 가성비로만 생각한다면 A사로 집중해야 한다고 생각합니다.

34

수량 비교

A안을 1이라 하면,
B안은 조금 적게 어림잡더라도
○○ 이상입니다

대학을 졸업하고 일을 시작하면 왜 그렇게 살이 푹푹 찌는지 모를 일이다. 나도 대학을 졸업했을 때와 비교하면 한 7~8킬로그램 늘었지만 내 주변에는 '20킬로그램이나 늘었다'라는 충격적인 고백을 한 동료도 있었다. 그래서인지 서른 살을 넘으면 남자고 여자고 이런저런 다이어트에 흥미를 갖고 식생활 개선과 운동을 시작하나 보다.

식사라는 의미에서 나는 깊고 진한 맛의 라멘을 좋아하지만 이걸 자주 먹으면 당연히 순식간에 살이 찔 테니 가끔은 링거헛(일본의 외식 체인)의 '채소듬뿍먹는수프'를 먹고 있다. 채소를 많이 먹을 수 있고 면이 들어 있지 않으며 총 420킬로칼로리라 매우 건강한 느낌이 든다. 그런데 이 '420킬로칼로리'라는 게 대체 어느 정도라는 건지, 감이 잘 오지 않는다.

깊고 진한 맛 라멘의 대표 격인 '라멘지로'의 칼로리는 대략 1600~1800킬로칼로리라고 한다. 즉 '채소듬뿍먹는수프'

의 칼로리를 1이라 하면 라멘지로는 가장 적게 어림잡아도 3 이상'이 되는 셈이다. 이렇게 비교하면 '라멘지로는 채소랑 고기 모두 들어가 있는 건강식이다!'라고 주장하는 과격파를 단숨에 쓸어 버리고 '채소듬뿍먹는수프'가 얼마나 건강에 이로운지 강조할 수 있다.

수량화는 그래프와 궁합이 좋다

'수량 비교' 패턴을 쓰면 그저 단순하게 데이터를 짠! 하고 내놓는 것보다 이해하기 쉽고 강렬한 인상을 줄 수 있다. 그리고 이 효과를 더욱 강화하기 위해 그래프를 추가하면 더 좋다. '이번 시책으로 웹 사이트 전환율이 1%가 되었습니다!'라고 하면 전문가나 이 일에 관련된 일을 했던 사람 말고는 그게 얼마만큼 대단한 것인지 감도 오지 않는다.

이럴 때 '수량 비교'를 사용하는 것이다.

이번 시책으로 웹 사이트를 통한 구매율이 1%가 되었 습니다. 1%가 대단하지 않다고 여기실지 모르지만 지금까지의 구매율은 0.2%였습니다. 다시 말해, 이전 매출과 비교해서 5배를 달성한 것입니다.

이제 얼마나 대단한 건지 확실히 전달된다.

또한 이 사례에 간단하게 표현한 막대그래프를 덧붙이면 더 좋다. 구두 설명으로도 물론 임팩트는 주지만 시각 자료까지 추가해서 표현하면 그 변화가 한눈에 들어와 더욱 효과적일 테니 말이다. '어? 난 시각 자료 잘 못 만드는데!'라는 사람도 있겠지만, 부디 이 '수량 비교'를 계기로 '이해하기 쉬웠다!'라는 칭찬과 격려를 듣고 내적 쾌감을 느껴서 앞으로 시각 자료를 적극적으로 만들어 보면 좋겠다. 구두 설명에서 강력한 인상을 주고 나아가 자료 제작의 동기도 끌어올리는 '수량 비교', 잊지 말고 꼭 사용해 보길 바란다.

NG

〈극장판 귀멸의 칼날〉 흥행 수입이 404억 엔이나 된대! 대단하지?

OK

〈마녀 배달부 키키〉의 흥행 수입을 1이라 하면 〈극장판 귀멸의 칼날〉은 10이나 되는 거네! 정말 대단하구나!

35

상대방 빙의

상대방 입장에서
생각하면

이 세상 사람 93% 정도는 대부분 자신을 먼저 생각하고 플러스알파로 가족 정도 생각한다. 어떻게 하면 내가 행복해질까, 어떻게 하면 불편한 감정 없이 이 상황을 편하게 끝낼 수 있을까, 어떻게 하면 즐겁게 보낼 수 있을까 등이 거의 모든 사람의 뇌 속을 차지하는 생각들이다.

그래서 '새로운 사업을 시작하자', '기존 사업을 더욱 확장하기 위한 전략을 만들자'라며 뜨거운 열정으로 똘똘 뭉친 프로젝트 팀도 어느새 평소의 사고 습관이 고스란히 배어 나와 '어떻게 하면 우리 회사가 덕 좀 볼까?', '어떻게 하면 다른 회사들을 슬쩍 속이고 그 틈에 앞지를 수 있을까?'라는 식의 의논을 주야장천 하게 된다.

비즈니스만이 아니다. 연애 상담이나 커리어 상담을 할 때도 상담을 하러 온 사람의 상황을 마음속 깊이 이해하고 이론만이 아니라 감정적인 측면도 배려해 상담해야 할지 아니면 상냥하게 "네, 그랬군요" 하며 일단은 이야기를 듣는 데 머물러야 할지 등을 생각하면서 커뮤니케이션을 해야 한다. 그런데 상담을 하러 온 사람의 기분이 어떤지 살피기는커녕 자기편한 대로 "아니, 그건 이상해요. 이렇게 해야 합니다"라며 자신의 의견을 밀어붙이거나 "저는 말이지요, 예전에 이런 결과를 냈었답니다, 하하하!" 하며 자기 자랑이나 해대면 힘들어 찾아온 내담자는 더 힘들어진다.

이런 살기 힘든 세상 속에서 '어? 이런 관점은 상당히 신선한데?'라거나 '확실히 이번엔 잘 될 거 같아!'라는 긍정적인 상태가 되도록 하는 설명 패턴이 '상대방 빙의'이고 표현은 '상대방 입장에서 생각하면'이다.

앞에서 말한 대로 세상에는 '상대방 입장에서 생각한다'가 쏙 빠진 상황이 너무나 많기 때문에 역으로 이 말을 꺼내면 커뮤니케이션이 단번에 좋은 방향으로 진행된다. 또한 원래 비즈니스는 '타인을 기쁘게 해서 대가를 얻는 활동'이므로 '상대방 입장에서 생각한다면'은 필수 사고방식이기도 하다.

내가 지금까지 만나 본 영업에서 우수한 실적을 내는 사람은 모두 이 사고방식의 고수였다. 자사의 서비스를 파는 것이 최종 목적이라 해도 '우선은 귀사의 상황을 들려 주십시오',

'아, 그렇군요, 그런 상황이라면 이 사람을 소개하겠습니다!'
하며 제일 먼저 상대방의 시점에서 생각하고 곤란한 점을 해
결하는 데 주력했다. 그래서 '맞아, 일전에 이 사람에게 큰 도
움을 받기도 했지. 그러니 이 사람이 권하는 것이라면 잘못될
리 없을 거야'라는 생각이 상대방에게 든 뒤에야 비로소 자사
의 서비스를 제안하는 프로세스를 철저하게 지키고 있었다.

'빙의=상대방의 눈으로 세상을 본다'는 온도감

'상대방 빙의'라는 설명 패턴의 의미를 당신이 제대로 음미
할 수 있으면 참 기쁘겠다. 단지 '상대방의 입장이라면 눈앞의
이것을 어떻게 생각할까'라고만 하는 게 아니라 나라는 존재
가 상대방 속으로 들어가 이 세상을 그 사람의 눈으로 바라보
며 '동일한 체온'으로 생각해야 한다는 뜻이다.

'나'라는 존재를 지워 버리고 모든 것을 '상대방'의 눈으로
생각하자. 그렇게 하는 중에 떠오른 해결책은 '이번 일, 어떻게
좀 잘 되게 할 수 없을까…'라며 자기 시선으로 생각할 때와
비교하면 몇십 배의 통찰력과 뛰어난 결과로 빛이 날 것이다.

NG

이 서비스는 이달 말까지만 20% 할인이 가능합니다. 그러니 구입 결단을 내려 주시면 좋겠습니다!

OK

고객님의 입장에서 생각하면, 20% 할인일지라도 예산상 어려우실 수 있습니다. 시험 삼아 두 달 무료로 사용해 보고 만족스러우면 차기 예산에서 구입을 검토하는 형식을 제안해 드리고 싶은데 어떠십니까?

36

행동화 유도

반드시 해야 하는 것을
하나만 들라면

이와 상당히 닮은 표현이 앞에도 나왔는데, '일점 격파' 즉, '오늘은 ○○에 대해서만 말씀드리겠습니다'이다. 복습하자면, 시간이 짧은 미팅 때 자신이 전달하려는 것을 명확하게 전달하기 위해 사용하는 표현이다. 이번에 소개할 설명 패턴은 이와 닮긴 했지만 더 진화된, '행동에 특화한 버전'이라고 생각하면 좋겠다.

원래 어떤 것에 대해 설명할 때 '그저 상대방이 이해할 수 있으면 OK다' 하는 경우는 전체의 20%도 되지 않는다. 나머지 80% 이상은 상대방이 '어떤 행동을 하도록 만드는 것'이 목적이다. 회사 설명회라면 '회사에 흥미를 갖게 한 뒤 입사지원서를 제출하는' 행동을 바라고 영업이라면 당연히 상대방이 구입하길 바라며 사랑 고백이라면 '예스!'를 바란다.

아무리 설명이 이해하기 쉽다 해도 행동으로 나타나지 않는다면 그 설명은 유감스럽게도 실패다. 따라서 '실패 확률을

낮춘다=이 행동을 해야 최고의 효과를 거둔다'가 '행동화 유도'이고 구체적으로는 '반드시 해야 하는 것을 하나만 들라면'이다.

지금 몸담고 있는 덴탈케어 기업은 데이터 관리가 일원화되었고 현황을 한눈에 파악할 수 있도록 시각적 시스템이 완비된 덕분에 자칫 잘못하면 "흐음, 이런… 웹 사이트를 통해 들어오는 무료진단 비중을 좀 더 높이고 싶은데 어떻게 해야 할까", "웹을 통한 클리닉 방문율도 아직 글로벌과 비교하면 낮구나, 취소율은 그들과 엇비슷하지만 그래도 높아", "이런, 이것도 그렇고 저것도…"처럼 되기 십상이다. 그러고선 문제를 발견했으니 해결을 하겠다고 팀원들에게 이런 식으로 지시를 내리면 혼란만 가중되다가 중간에 흐지부지되거나 최악의 경우 "다른 걸 먼저 하느라 이건 아직 못 했습니다"라는 말이나 들을 수도 있다.

이렇게 되지 않기 위해 나는 주간 회의 때마다 "이번 주에 해야 할 것 하나에 집중하고 확실히 완수합시다!"라고 말한다. 이것도 부탁해 저것도 부탁해 하며 분산되는 것보다 차곡차곡 수행해 나갈 때 좋은 결과가 나오기 때문이다.

물론 해야 할 것들을 적은 리스트는 확실하게 손에 쥐고 있어야 하지만 사람은 기본적으로 멀티태스킹에 서투르다. 잘 못하는데 무리하게 하느니 '이것 먼저 하십시오!'라고 명확히 제시해서 자신뿐만 아니라 구성원 전체의 생산성을 끌어 올리는 환경까지 만들면 결국은 든든한 인재가 되어 있을 것이다. 정말로 중요한 것 딱 하나에 집중하는 '반드시 해야 하는 것을 하나만 들라면'으로 하나의 행동에 집중하게 하자.

NG

현재의 사업 과제는 여러 가지가 있다고 생각합니다. 플랜에 맞춘 채용도 필요하고 지명도도 아직은 낮습니다. 매장을 방문하는 고객 수도 많지 않고 매출도 별로 높지 않습니다. 직원들의 모티베이션 관리도 중요해지고 있는 것 같습니다.

OK

현재의 사업 과제는 여러 가지가 있습니다만, 반드시 해야 하는 것을 하나만 들라면 '고객 1인당 매출 단가 향상'이라고 생각합니다. 왜냐하면….

37

극단 상정

최선의 경우는~
최악의 경우는~

'미래가 어떻게 될지 모르니까 일단 해보자'라는 분위기를 개인적으로 싫어하지는 않는다. 나 역시 '투명 마우스피스 교정이라는 새로운 서비스를 일본에 도입, 확대한다'는 미션을 완수하기 위해 어쨌든 다양한 시도를 하고 있다.

당신은 이 말을 듣고 '그렇다면, 모든 상황에서 어쨌든 해보자고 하면 되겠구나' 하겠지만 반드시 그렇지도 않다. 규모가 큰 시책일 때 어쨌든 해보자고 말하면 "아니 안 돼, 이거 까닥 잘못하면 수천만 엔에서 수억 엔까지 손해가 날 수 있어" 하며 한마디로 거절당할 것이다. 그런데 이렇게 어마어마하게 큰 제안을 확실히 통과시키는 것이야말로 '후훗, 어때? 나 설명 좀 하지?'라며 뽐낼 수 있지 않을까. 그러기 위해 이 '극단 상정' 패턴을 추천한다.

사람은 원래 '변화의 폭을 알면 안심'하는 습성을 갖고 있다. '극단 상정' 표현인 '최선의 경우는 이렇게 되고, 최악의 경우는 이렇게 됩니다'로 변화의 폭을 제공하면 듣는 사람은 '아, 그럼 최악이라도 이 정도이고 잘 된다면 이런 수준이 된다는 거구나, 그렇다면 뭐가 됐든 되겠네!'라며 진행 사인을 척 내리게 된다.

나는 회사에서 사장 업무 외에 회사 PR을 담당하고 있다. 텔레비전이나 신문, 웹 사이트 같은 매체에 회사에 관한 정보를 내보내는 일인데 내가 원체 낯을 가리긴 하지만 여러 수단을 동원해 연락하고 어떻게든 알리기 위해 열심히 활동하고 있다. 내가 제대로 하면 할수록 회사를 좋게 보는 건 당연할 테니 말이다. 나는 평소 알고 지내는 경영자들에게도 당신이 비록 사장이지만 당신 회사 PR에 공을 들이면 좋을 것이라며 권하곤 하는데 그럴 때도 자주 '극단 상정'을 사용한다.

최선의 경우는 유명한 미디어에서 호의적으로 다루어 단번에 문의전화가 늘어날 것이고 최악의 경우라도 메일이나 전화를 건 그 시간 정도만 낭비된 것뿐이니, 그렇다면 해도 괜찮은 거 아니야?

이처럼 양쪽 측면을 잘 이해시키면 그들도 "확실히 그러네! 그럼 일단 해볼까?"라는 반응을 보인다.

'최악의 경우'는 상식적인 범위여야 한다

'극단 상정'은 어떤 제안이라도 2~3배는 쉽게 통과되게 하는 마법의 패턴이지만 딱 한 가지를 주의해야 한다. '최악의 경우'를 '아주아주 최악인 수준으로는 하지 말아야 한다는 점'이다. 만일 어떤 제안을 할 때 상사에게 '최악의 경우, 회사에 3억 엔의 손실을 주고 당신에게도 책임을 물어 해고뿐 아니라 민사소송을 당할 리스크를 집니다'라고 하면 과연 어떤 상사가 통과시키겠는가.

제안하기 전에 '정말로 나쁜 상태가 되더라도 듣는 사람이 '뭐, 그 정도라면 괜찮네' 할 만한 수준으로 제대로 설정했나?' 하며 재확인하면 좋겠다.

일단은 이 유튜버에게 PR 영상 제작을 의뢰해 봅
시다!

최선의 경우, 그들이 다룬 덕분에 연쇄적으로 다른 크리에이터들도 관심을 가질 것이고 그래서 지명도를 극적으로 끌어올릴 수 있습니다. 최악의 경우, 50만 엔 정도의 손해를 보지만 새로운 시도를 위한 투자 비용이라 생각하면 허용할 수 있는 리스크가 아닐까 합니다.

38

100% 동의

바로
그 말씀대로입니다

지금까지 '설득력을 향상시키기 위한 표현'을 여러 가지 소개했는데 반대로 '설명이 안 통하게 하는 표현(또는 그런 태도)'도 세상에는 존재한다. 바로 '부정 표현'이다. 예를 들면, '아니, 그건 이것과 달라서'라거나 '그렇지만', '그야 그럴 수도 있지만' 같은 표현들이다. 특히 '그렇지만'이 아예 입에 딱 붙어 있는 사람이 참 많다.

이러한 표현을 쓰면 상대방은 '어, 이 사람, 반대하네', '반대하는데 내가 이 사람 의견에 군이 찬성할 필요가 있으려나?', '그럼 나도 거절' 하고 무의식적으로 반응한다. 예를 들면 다음과 같은 것들이다.

"인플루언서를 활용한 마케팅, 잘 되면 그야말로 혁명적이겠죠?"

"그렇지만 여전히 매출 상승은 명확하지 않아요."

"센다이 지역 매출 말이야. 이 상태로 가기만 하면 과거

대비 최고가 되겠어!"

"뭐어…. 그렇지만 홋카이도 쪽이 위태위태하니 동북

지역 전체로 치면 전년도와 거의 비슷할걸?"

이런 커뮤니케이션 말이다. 이런 일이 여러 번 있으면 '같이

일하기 불편한 사람'이라 여겨지고, 매번 그의 발언이 통과되

지 않으며, 그러다 보면 상대방을 설득하지 못하게 되니 점점

'설명을 못 하는 사람'이 된다.

듣는 사람의 코멘트에 맞춰서 전심전력 '100% 동의'

이와는 반대로 '이 사람이 하는 말이니 받아들이자!'가 자

연스럽게 되는 강력한 패턴이 있는데 그것이 이번에 소개할

'100% 동의'이다.

예를 들어 내 설명이 끝나거나 잠깐 쉬는 시간에 상대방이

"저는 이렇게 생각하는데 어떠십니까?"라는 질문이나 코멘트

를 했다고 하자. 그럴 때는 '100% 동의'인 '바로 그 말씀대로

입니다!'라고 하며 진심으로 동의하자는 의미이다. 물론 경우에 따라서는 '아니, 그건 이렇습니다'라고 정정하고 싶을 때도 있겠지만 그렇더라도 일단은 '100% 동의'를 하자. 그렇게 하고 나서 "추가로 보충하자면" 하고 덧붙이면 전달하는 내용은 같을지라도 상대방에게 주는 인상은 완전히 달라진다.

입장 바꿔 한번 생각해 보자. "예, 정말 그렇습니다. 말씀하신 대로입니다!"라며 진심으로 동의해주는 사람이 있다면 그 사람이 내 맘에 쏙 들지 않을까? 마음에 든 그 사람이 하는 말이라면 '어쩌면 이 사람의 제안도 좋은 것일지 모르지' 하고 긍정적인 전제가 깔리고 그러면 더욱 받아들이기 쉬워지지 않겠는가 말이다.

설명은 일방적인 게 아니다. 말하는 쪽과 듣는 쪽이 커뮤니케이션을 해 나가는 중에 '그렇군요!' 하며 납득하고 '좋아, 한번 해볼까?'가 되어야 한다. '말을 잘한다, 이해하기 쉽게 말한다'도 물론 중요하지만 '상대방이 호감을 느끼게 한다' 또한 설명을 잘하기 위해서는 빠뜨릴 수 없는 기술이다. 어떤 상황에서라도 꺼내 쓰면서 상대방에게 다가갈 수 있는 '100% 동의', 강력하게 추천한다.

NG

('외국계 기업 일본법인 경영자라면 결국 중간 관리직이군요'라

는 발언에 대해)

아, 그런 측면이 전혀 없는 건 아니지만….

('외국계 기업 일본법인 경영자라면 결국 중간 관리직이군요'라

는 발언에 대해)

네! 바로 말씀하신 대로입니다!

39

살짝 코멘트

이에 관련해
잠시 보충하겠습니다

'메인 스피커'가 되면 아무래도 시야가 좁아지기 쉽다. 특히 많은 사람들 앞에서의 프레젠테이션이나 처음 만나는 고객들이 눈앞에 모여 있으면 '어찌 됐든 간에 정신 차리고 제대로 전달하자!'라는 생각만 강해진다.

그렇게 초집중 상태가 되어 발표하다 보면 듣는 사람이 뭔가 아쉽다는 표정을 짓거나 '뭐지?' 하는 기색을 드러내도 알아차리지 못한 채 진행되어 청중석은 다소 어수선하고 불편한 분위기가 되기도 한다.

이런 분위기를 확 바꾸기 위해 상사, 아니면 부하직원 또는 동료일 수도 있는 당신이 '어떻게든 이 분위기를 살려야 한다'라며 방법을 궁리할 텐데 도움의 손길을 내밀 때도 '요령'이 있다. 메인 스피커가 열심히 발언하고 있는데 불쑥 끼어들어 "실은 저 사람이, 이러저러한 중요한 포인트를 말한다는 걸 잊어서…"라고 하면 메인 스피커는 당황하다가 짜증이 날 것이고 듣는 사람도 기분이 좋을 리 없다.

분위기를 잘 살리면서도 메인 스피커는 '아까 고마웠어요' 하고 감동하고 듣는 사람도 '아, 마침 궁금하던 부분이었는데!'라며 기뻐할 표현이 '살짝 코멘트'인 '이에 관련해 잠시 보충하겠습니다'이다.

견고하면서도 겸손하게

예를 들면 이렇다. 고객에게 자사의 서비스 개요와 타사와의 비교, 과거 고객들의 후기를 소개하고 "여기까지입니다" 하며 끝내는 분위기가 되면 듣는 사람은 '응? 벌써 끝? 아니, 그래서 실제로 우리가 이 서비스를 이용한다면 어떻게 된다는 거야?' 같은 의문이 생긴다. 너나없이 모두에게 가장 중요한 것은 '나'인데 '내가 저걸 사용하면 어떻게 되는가'를 빼놓았기 때문이다.

이런 타이밍에 "이와 관련해 잠시 보충하겠습니다"라고 하며 말을 시작한다.

이 서비스를 A회사가 사용하면 데이터 통합과 일원화가 편리해질 뿐만 아니라 현재 진행 중인 B사업의 약점을 일별로 알 수 있게 되어 바로바로 보강할 수 있으므로 업무 퀄리티가 단번에 향상되는 효과를 예상할 수 있습니다.

이런 식으로 살짝 코멘트를 하는 것이다. 메인 스피커의 내용을 긍정하는 동시에 듣는 사람이 정말로 알고 싶어 했던 포인트를 밝혔으므로 결과적으로 양쪽으로부터의 신뢰를 얻을 수 있다.

자신을 위해 사용한다기보다 따로 메인 스피커가 있을 때 서포터가 되어 사용하는 일종의 틈새 표현이지만 전체 설명의 함량을 단번에 끌어올릴 수 있는 스마트한 표현이니 적극적으로 사용해 보길 바란다.

설명이 부족했던 것 같은데 제가 추가로 설명하겠습니다!

OK

A씨의 설명은 완벽했습니다. 외람되지만 이와 관련해 제가 잠시 보충하겠습니다.

40

의도 요약

질문의 뜻을
○○으로 봐도 되겠습니까?

강연이나 트레이닝, 사내 직원 대상 프레젠테이션, 회사 밖에서의 영업 등 '설명'이 필요한 순간은 다양하다. 책 내용을 이해하기 쉽게 설명하는 게 쉽지는 않았지만 당신이 지금까지 소개된 표현을 의식적으로 대화 속에서 사용하려 하고 완전히 자기화가 되면 어떤 상황에서든 '설명을 잘하는 사람'이란 강력한 입지를 굳힐 수 있다.

한편, 우리가 잊으면 안 되는 순간이 하나 더 있다. 본편의 설명이 끝난 뒤에 있는 '질의응답', 외국계 회사나 스타트업이라면 'Q&A 세션'이라 불리는 시간 말이다. 본편의 설명에 관해서 혹은 그것과 관련하지 않은 것이라도 참석자가 "이러저러한 경우는 어떻게 하는 게 좋을까요?", "그런데 저의 과거 경험상…"처럼 질문이든 감상이든 구별 없이 말을 많이 하는 그 시간도 역시 설명이 필요한 순간이다.

질문자가 이 책에서 소개하고 있는 다양한 표현을 써서 발표자인 당신이 이해하기 쉽게 질문을 해주면 좋겠으나 유감스럽게도 그런 행운은 거의 없다. "그러니까 묻고 싶은 것이 무엇인가요?"라거나 "그건 당신만의 생각이 아닐까요?"가 이때의 90%를 차지한다.

이런 상황일 때 질문자의 마음을 상하게 하지 않으면서 시원시원한 대답처럼 느껴지게 하는 표현이 '의도 요약'인 '질문의 뜻을 ○○으로 봐도 되겠습니까?'이다. 질문자의 발언 배경 및 목적을 간결하게 정리하고 자신도 대답하기 쉬운 형태로 재편집할 수 있기 때문에 질의응답 때는 필수라고 해도 과언이 아니다.

듣는 힘을 향상시키는 훈련도 된다!

'의도 요약'을 사용하면 질문자가 '와, 이 사람은 내 말을 제대로 알아들었구나!' 하며 긍정적인 감정을 갖게 되고 다른 참석자들도 '애매한 질문을 알아듣기 쉽게 정리해서 딱 대답해주다니 대단한데!' 하며 높이 평가한다.

나는 개인적으로 이 설명 패턴을 매우 좋아하는데, 이 표현을 계속 쓰면 '상대방의 시선이 어디를 향하고 있는지 확실하게 알 수 있고 듣는 힘을 키우는 훈련도 되기 때문'이다.

질문의 배경과 의도를 정확하게 파악하고 동시에 알기 쉬운 형태로 재편집하려면 질문자가 어떤 입장인지, 왜 그런 질문을 하는 것인지, 어떤 대답을 해야 하는지를 짧은 순간에 파악해야 한다. 그러려면 온 신경을 집중해서 질문자의 발언을 들어야 한다. 이런 자세와 태도는 그 장소에 있는 모든 사람에게 전해져 '알기 쉽게 말할 뿐만 아니라 성의도 있고… 참 진실한 사람이네'라는 평가로 이어진다. 당연히 겉모습만이 아니라 실제로도 듣는 힘이 점점 향상되고 말이다.

NG

('이 책을 읽으면 금방 설명의 기술이 생깁니까?'라는 질문에 대해)

아니, 한 번 쓱 읽는 정도로 설명의 기술이 향상될 수는 없지 않을까요?

OK

('이 책을 읽으면 금방 설명의 기술이 생깁니까?'라는 질문에

대해)

하신 질문의 뜻을, '이 책을 활용해 설명의 기술을
올리는 최단 경로를 알고 싶다'로 봐도 되겠습니까?

일 잘하는 사람으로 거듭나는
가장 빠른 방법

　　대학을 졸업하고 컨설팅 회사에 들어갔지만 전혀 제 몫을 해내지 못해 하루하루가 괴롭게 느껴지던 때 그 상황을 개선하기 위해 저는 온갖 것들을 해봤습니다. 일에 대한 나의 사고방식 재정립, 논리적 사고를 체득하기 위한 독서, 재무와 IT 관련 자격 취득, 영어 공부 등 '어떻게든 이 고통에서 벗어나고 싶다'는 간절함을 원동력 삼아 시간도 돈도 많이 썼습니다. 물론 이러한 노력들에 어느 정도는 덕을 봤지만 제 인생을 단번에 바꿨던 것은 '탁월한 설명의 체계화 및 그 실천'이었습니다.

　　어째서 '탁월한 설명' 덕분에 타인의 평가와 업무 퀄리티가 단번에 좋아지고 인생을 확 바꿀 만큼 엄청난 효과를 봤을까요? 그 이유는 바로 '설명'이라는 활동이 일상 업무의 50%에서 80%를 차지하기 때문입니다.

　　채팅, 사내 온라인 미팅, 클라이언트 앞에서의 프레젠테이션, 상사에게 하는 보고 혹은 상의, 자료 작성 등이 크게 보면 모두 '설명'에 해당합니다. '탁월한 설명'을 하는 사람은 상대방이 이해하기 쉽도록 이미 설명 패턴을 자연스럽게 사용하고 있습니다. 여러분도 이것만 있으면 원활하게 그리고 사람들에게 높은 평가를 받으며 자기 업무를 해나갈 수 있습니다.

저는 이 책에 '설명도 제대로 못 하고 괴로웠던 그 시절에 정말 알고 싶었던 요소들'을 꽉 채워 담았습니다. 어려운 이론이나 배경 설명은 일절 생략하고 '설명 패턴 소개' 및 '실천 방법'에만 집중했으니 이 책을 읽자마자 바로 현장에서 사용할 수 있을 것입니다. '와, 이건 지금 당장이라도 쓸 수 있을 거 같은데!'처럼 마음에 와닿는 것부터 하나씩 사용해서 인생을 확 바꿀 씨앗이 된다면 저자로서 그 이상의 행복은 없을 것입니다.

누가 저에게 '당신에겐 어떤 강점이 있는가?'라고 묻는다면 솔직히 말해 어떻게 대답해야 할지 지금도 고민이 될 지경입니다. 다른 사람을 압도할 만큼 머리가 좋은 것도 아니고 영어를 자유자재로 쓸 수 있는 것도 아니기 때문입니다. 세상을 확 바꿀 만한 제품을 만드는 기술도 없습니다. 이렇게 강점이라곤 찾아볼 수 없는 저 같은 사람도 '탁월한 설명' 덕분에 많은 사람들의 신뢰를 얻게 되었고 일상 업무를 활기차고 즐겁게 해낼 수 있었습니다.

어렵다고 생각하지 마세요. 이 책을 한 손에 가볍게 들고 설명 패턴의 학습과 실천, 이것만 시작하면 됩니다. 그렇게 하다 보면 이해하기 쉽게 설명할 줄 알게 되고 주변의 평가도 점점 높아지면서 마침내 성취감 높은 업무까지 맡게 되는 최고의 선순환에 쏙 들어갈 수 있습니다.

만일 실천하다가 고민이 생기거나 질문이 있으면 언제라도 저의 이메일이나 트위터에 연락을 남겨 주세요. 물론 이 책에 대한 감상도 대환영입니다!

여기까지 읽어 주셔서 정말로 감사합니다. 설명 때문에 고민하는 여러분이 '탁월한 설명'을 체득해 인생 대변화를 일으키길 마음 깊이 기원합니다.

- 이토 다스쿠

단번에 이해시키는
설명의 기술

초판 1쇄 발행 2023년 9월 21일　초판 3쇄 발행 2024년 5월 20일

지은이 이토 다스쿠　옮긴이 윤경희

펴낸이 김영범
펴낸곳 (주)북새통 · 토트출판사
주소 서울시 마포구 월드컵로36길 18 삼라마이다스 902호 (우)03938
대표전화 02-338-0117 팩스 02-338-7160
출판등록 2009년 3월 19일 제 315-2009-000018호 이메일 thothbook@naver.com

© 이토 다스쿠
ISBN 979-11-87444-93-0 13190